年金暮らしでも生活が楽になる

税理士・社労士が教える賢いお金の使い方Q&A大全

～やめていいこと、いけないことをズバリ指南～

文響社

プロローグ

年金暮らしは夫と妻の協力でやめていいことを削ればゆとりある生活が実現し幸せになれる

あなたももうすぐ65歳いよいよ年金暮らしね
厚生年金が出るから老後は安泰だ
妻・景子（59歳）
花田友宏（64歳）

ピクッ
で仕事はどうするの？

年金と貯蓄で生活できるから辞めるつもりだけど……
え家でゴロゴロしているつもり？

趣味でも見つけてなるべく外出すればいいんだろ
テニス！
野球！

もう若くないのよ！
ムリでしょ！
もめているようじゃのぉ

ジャ～ン
あ年金博士
年金博士

バシッといってやって
今の仕事は続けられんのかのぉ
給料がガクッと下がる!仕事は社員と同じなのに
バからしくて…
働かせてもらえるだけいいじゃない!
無理のない範囲で働けばいい
勤務時間を短くする
週３日勤務にする
テレワークにする
etc.
方法はいろいろあるな
それにあなた年金がいくらもらえるか知らないでしょ
まあ月額30万円くらいってとこかな?
月額約17万円よ!
最近の物価高で貯蓄を毎月5万~6万円は取りくずすことになるわ
がくン
17
実は私の年金を加えると月額30万円近くになるけどね
ボソ
ウム聞かなかったことに…

働いてりゃ
孫のためにおもちゃを買ってあげられるだろ
ニュッ
中村達江
あら中村さん

もらい物だけどはい
いつもどうも
隣の世話焼きおばさんさ
ヒソヒソ

働くことは生きがいになるし健康維持にもつながるんだよ
それじゃねこれから畑中さんの家に行かなきゃ

世話焼きめ～
嫌っちゃだめよ

中村さんはひとり暮らしの畑中さんの買い物や掃除など身の回りの世話を毎日してあげてるそうよ
畑中真紀子
感心じゃ

年金暮らしでは人間関係やお金の使い方などやめていいこと無駄なことを削ってシンプルな暮らし方を心がける必要がある
しかし中村さんのような人との関係を断ってはいかんな
確かに…

※本書のマンガはフィクションであり、実在する人物とは一切関係ありません。

年金暮らしでやめていいこととやるべきこと 年齢別スケジュール一覧

60歳

年金などの社会保険の手続き

●定年後も継続雇用などで働きつづければ、勤続期間と給料額に応じて年金は増やせる。➡45ページ

●原則65歳から支給される年金は、60～64歳から繰上げ受給ができる。年金が減額されても早くもらいたいと考えている人は繰上げ受給の請求手続きを行う。➡67～69ページ

※2022年から、繰上げ受給の減額率は、受給を1ヵ月早めるごとに0・4%に引き下げられている（以前は0・5%）。

●65歳前に支給される「特別支給の老齢厚生年金（略称：特老厚）」は、受給開始年齢（性別と生年月日によって異なる）に達したら直ちに請求手続きを行う。

※特老厚は受給を遅らせても繰下げ受給の対象外で、年金は増額されない。

●定年退職した人は、国民年金の加入期間が40年に満たない場合、60歳以降40年に達するまで任意加入でき、加入すれば年金が増やせる。➡61ページ

●定年退職した人は、国民健康保険の加入手続き、雇用保険の失業給付の受給手続きなどを行う。➡76～85ページ

●65歳の誕生日を迎えたら、直ちに年金の請求手続きを行う。多くの人は、65歳から年金暮らしが始まる。

やめていいこと・やるべきこと

▼**年金暮らしに備え、体力やお金のあるうちにできることを全部すませておく**

◪年金暮らしで必要になるお金、いらなくなるお金について押さえておく。➡32～35ページ

◪生命保険や医療保険の無駄な保障を削り、家計の保険料負担を軽くする。➡126～127ページ

◪大規模なリフォームはすませておく。➡165ページ

◪来客用の布団や食器、不要な大型の家具や電化製品は早めに処分し、身の回りをスッキリさせる。

◪余計な買い物などの出費を抑え、電気代やガス代を減らすなど節約する習慣を身につける。

◪定年後、仕事は続けるか辞めるかを早めに決めておく（できれば続けるべき）。➡151～152ページ

◪65歳から支給される年金の受給額はいくらか押さえておく（自宅に届く「ねんきん定期便」で確認できる）。

◪年金を受け取る年齢を決めておく。➡67～72ページ

◪住宅ローンが残っている人は、どんどん繰上げ返済をして、できれば65歳までに完済する。➡136ページ

65歳 ← 69歳

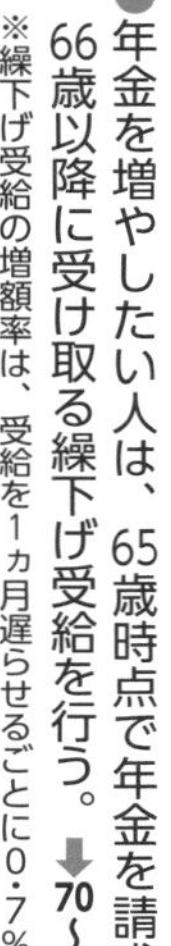

●年金を増やしたい人は、65歳時点で年金を請求しないで、66歳以降に受け取る繰下げ受給を行う。↓70〜72ページ

※繰下げ受給の増額率は、受給を1ヵ月遅らせるごとに0.7%。70歳で繰下げ受給をした場合、年金は42%も増額される。

※増額された年金は一生受給できるが、早く亡くなると65歳で受給を開始した場合の総受給額を下回ることになりかねない。

※繰下げ期間中に死亡した場合、繰下げ受給の増額分は、配偶者などに支給される遺族年金には適用されない。

●65歳以降も継続雇用などで働きつづければ、2022年から始まった在職定時改定によって、受給中の年金が在職中に増額されて支給される。↓46〜48ページ

※在職定時改定は毎年1回（9月1日）、70歳になるまで行われる。

●65歳以降も会社で働く人は、在職老齢年金の支給停止基準に注意する。↓49〜52ページ

※支給停止基準は「総報酬月額（ボーナスを含む平均月給）＋年金月額＝48万円」。この基準を超えると、年金が減額または全額支給停止される。

●在職中に病気やケガで長期入院したような場合、健康保険の傷病手当金の受給手続きを行う。↓78ページ

●65歳以降に退職して就職活動をする場合、失業給付の代わりに支給される高年齢求職者給付金の受給手続きを行う。↓83ページ

※高年齢求職者給付金は、雇用保険の被保険者期間が1年未満なら失業給付の基本手当日額の30日分、1年以上なら50日分が支給される。

●65歳以降も会社で働いている人は、家族が要介護になった場合、雇用保険の介護休業給付が受けられる。↓81〜82ページ

※介護休業給付は、介護期間中の給料が休業開始前の給料の80%未満に低下した場合、休業開始前の給料の最大67%が支給される。支給期間は、同一の家族の介護状態により3回の取得を限度として通算93日以内。

●65歳以降も会社で働いている人は、資格取得などのために厚生労働大臣の指定する講座を受講し修了した場合、教育訓練給付金がもらえる。↓81〜82ページ

※教育訓練給付金は、受講料（最長1年分）の20%（最大10万円）。

年金暮らしスタート！まずは日々の生活費や習慣の見直しを！

- 電気代・ガス代・水道代・食費などを節約し、余計な出費を減らす。↓128〜132ページ・147〜150ページ
- 「ポイントがもらえる」「50%オフ」「今だけ」などの言葉に目を奪われ、余計な買い物はしない。↓134ページ
- 退職金はもともとなかったものと考え、高リスクの投資などには回さない。↓135ページ
- 年金暮らしを始める前に保険の見直しを行わなかった人は、なるべく早く見直す。↓126〜127ページ
- 住宅ローンは早めに完済すべきだが、65歳を超えたら無理して繰上げ返済をする必要はない。↓136ページ
- 「見栄を張る」「プライドが高い」「ケチと思われたくない」といった心の重荷は下ろす。↓96〜97ページ
- 酒席や会食の誘いは、できれば断る。↓97ページ
- 年賀状やお歳暮・お中元などのやり取りは、なるべくやめる。↓106〜108ページ
- 使わないバッグなどのブランド品はフリマサイトなどで売却する。↓114ページ
- タバコ代やお酒代は減らす。↓116ページ
- 投資でお金を増やそうという考えは捨てる。↓135ページ
- パソコンやスマホにかかる料金を減らす。↓117ページ
- まめに小掃除をして、年末の大掃除はやめる。↓113ページ
- 自立した子供への援助はやめる。↓138ページ

70歳 → 75歳

年金などの社会保険の手続き

● 繰下げ受給を考えている人は、70歳の時点で請求手続きを行えば42％増額された年金を一生受給できる。⬇70～71ページ

● 繰下げ受給の上限年齢は従来70歳だったが、2022年から5年間延長されて75歳となっている。給料などの収入が多く年金を受給しなくても生活できる人、健康で長生きする自信がある人などは、70歳以降の繰下げ受給も選択肢の1つ。⬇70～72ページ

※70歳以降の繰下げ受給の増額率は、70歳までと同様、受給を1ヵ月遅らせるごとに0.7％。75歳で繰下げ受給をした場合、年金は84％も増額される。

※繰下げ受給は1ヵ月単位でできるので、予定する年齢に達しなくても、入院などで年金が必要になったら直ちに請求手続きを行うといい。

※請求手続きを75歳になった時点以降に遅らせても、その期間分の年金は1円も増えない。それればかりか、80歳以降に請求すると、時効(5年間)によって年金の一部がもらえなくなるので要注意。

● 70歳以降も会社で働いている人は、雇用保険の高年齢求職者給付金、介護休業給付金、教育訓練給付金を受け取ることが可能。⬇81～84ページ

● 75歳になると健康保険は自動的に後期高齢者医療制度に移行する（加入手続きは不要）。⬇79ページ

※後期高齢者医療制度の医療費の負担割合は従来1割だったが、2022年から所得によって1割・2割・3割の3段階に変更されている。

● 75歳は年金の繰下げ受給の上限年齢。まだ年金を受給していない人は、75歳になったら直ちに請求手続きを行う。75歳の時点で請求手続きを行えば、84％増額された年金を一生受給できる。⬇70～71ページ

やめていいこと・やるべきこと

▼面倒な家事や激しい運動、車の運転はまだ元気と思われるうちにやめておく

◪台所仕事は、やめることで楽になる方法を実践し、手間を省く。⬇109～110ページ

◪洗濯や掃除は、やめることで楽になる方法を実践し、手間を省く。⬇112～113ページ

◪テニスやジョギングなど激しい運動はやめる。ただし、散歩やウォーキングなどの軽めの運動は健康維持のためにもなるべく長く続けるべき。⬇153ページ

◪事故を起こして後悔する前に車の運転はやめ、運転免許証を返納する。⬇119ページ

◪固定電話は、なくても困らなければ手放す。⬇118ページ

▼精神的に負担がかかることはやめて、生きがいにつながることは残す、始める

◪冠婚葬祭への参列は、気が乗らないなら断る。⬇98ページ

◪子供との同居は、自分の気持ちが大切。提案されても気が乗らないなら断る。⬇100ページ

◪孫の子守は、体力に自信がなければ断る。⬇101ページ

◪今まで続けてきた趣味は、できるだけ長く続ける。趣味のない人は新しい趣味を見つける。⬇154ページ

◪シニア割引を利用して旅行やレジャーなどをお得に楽しむ。⬇162～163ページ

◪社会貢献活動に参加して生きがいを見つけ、多数の人とのコミュニケーションを楽しむ。⬇169ページ

年金暮らしは一生続く！　85歳以上 ← 80歳

●もしものために、自分の医療情報や資産内容、介護・葬儀の希望などを書き込むエンディングノートをなるべく早く作っておく。おすすめは、生前の整理＆死後の手続きに役立つ新エンディングノート「生前整理ノート」。

『弁護士が教える
自分と家族の生前整理ノート』

文響社刊

★左の2冊は生前整理ノートの姉妹本。生前整理のポイントがわかるのでこのノートに書き込みやすくなるばかりか、生前の整理＆死後の手続きで自分も家族も困らない。

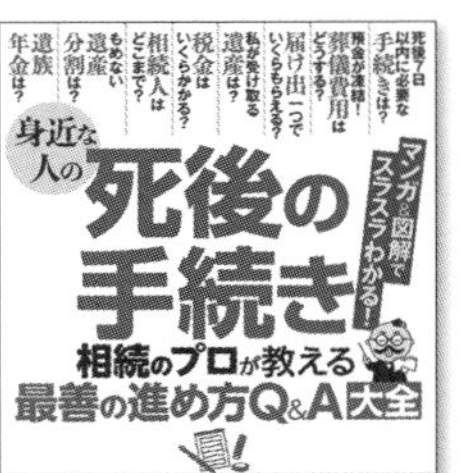

『身近な人の
死後の手続き
相続のプロが教える
最善の進め方Q&A大全』

文響社刊

『自分と家族の
生前の整理と手続き
弁護士・税理士が教える
最善の進め方Q&A大全
65年ぶり！生前贈与
ルール大改正
完全対応版』

文響社刊

▼預貯金や株式などの資産整理を行い、相続トラブルの種を残さない！

◢銀行や郵便局などのあまり使っていない預貯金の口座は解約し、できれば1つの口座だけを残す。

◢クレジットカードは、公共料金の支払いなどを1つのカードに集約し、ほかは解約する。↓133ページ

◢株式、国債、自動車、貴金属、宝飾品などは、不要なものは損をしないタイミングで売却し、相続財産とするものは資産内容や保管場所を家族と共有する。

◢不動産は所有しつづけるか売却するか、家族とよく話し合って決める。

◢相続人が多いなど相続トラブルが心配される場合は遺言書を遺し、保管場所を明らかにしておく。

▼長生きと死の両方に備えるとともに、遺される家族の負担を減らしておく

◢エンディングノートを作り、緊急入院や要介護、死亡などのもしものときに備える。

※もしもの緊急入院のさいは自分の医療情報、要介護・死亡のさいは介護や葬儀の希望などエンディングノートに書き込んだ内容を家族に役立ててもらうことができる。

◢家をリフォームしてバリアフリー化し、万一、体が不自由になったときに備える。↓165ページ

◢自宅に住みつづけることのほかに、介護施設への入居も検討する。↓165～166ページ

◢自宅を相続する子供などがいなければ、自宅担保の融資「リバースモーゲージ」を検討する。↓167ページ

目次

第3章 今、受け取っている年金の増やし方についての疑問12

第4章 将来に受け取る年金の増やし方についての疑問11

第5章　年金以外の社会保険の給付や税金についての疑問16

第8章 暮らしを守るために「やめていいこと③カネ」についての疑問18……123

第9章 暮らしを守るために「やめてはいけないこと」についての疑問13

第10章 暮らしが豊かになる新工夫についての疑問10 ……157

第1章

年金暮らしの不安・心配事についての疑問7

回答者

▶Q 1〜7◀

社会保険労務士法人 FOUR HEARTS 会長
特定社会保険労務士
東海林正昭（しょうじ まさあき）

「年金は将来もらえなくなる」は間違いで、受給額が減っても老後の保障は一生続く

そのために
年金額を
引き下げたり
保険料を
引き上げたりして
調整しておる

そういえば保険料
昔よりずいぶん
上がってるな
ガチャ
浩太（長男）
ただいま
おれたち
現役世代が
負担して
いるんだ

おれだって
保険料は
定年後も
働いて
払ってるぞ
その保険料の
おかげで
年金が支給
されておる

でも
年金額は
この先も
減って
いくん
じゃない？
なぜ年金は
減って
いるんだ？

年金額は
物価などの
変動によって
決まる仕組みに
なっておるん
じゃ
なるほど！
長いこと
物価は上がらず
デフレが続いて
きたからな

……ってことは
最近は物価が
高騰しているから
これから年金額は
増えるってこと？
！
そのため
2023年は
年金額が
ほんの少し
上がった
今後の
物価の動向
しだいじゃ
何見てるの？
スーパーのチラシ

そもそも「年金暮らし」って何？年金だけで生活することですか？

A 主に公的年金（国民年金・厚生年金）、退職金、預貯金などで生活すること。

「年金暮らし」とは、主な収入を公的年金に頼って生活することです。

公的年金には、会社員や公務員が加入する厚生年金（同時に国民年金にも加入）、自営業者や専業主婦、フリーランス、無職の人などが加入する国民年金があります。さらに、厚生年金基金や確定拠出年金、確定給付企業年金、国民年金基金、付加年金、iDeCo（イデコ）（個人型確定拠出年金）などで上乗せ給付を図る人もいます。また、年金以外では、会社員や公務員などの退職金や、預貯金なども年金暮らしの生活費となることがあります。

厚生労働省の2021年度の厚生年金保険・国民年金事業の概要によると、65歳以上の男性の厚生年金（国民年金も含む）の平均月額は16万9006円、65歳以上の女性の厚生年金（国民年金も含む）の平均月額は10万9261円。自営業者などの国民年金（老齢基礎年金）の平均月額は5万4050円となっています。

標準的な会社員の場合、2023年度の平均的収入（賞与を含む月額概算）は43・9万円です。40年間勤務すると、老齢厚生年金と夫婦2人分の老齢基礎年金を含む

年齢別・平均余命

年齢	男性	女性
0歳	81.47歳	87.57歳
50歳	32.93年（82.93歳）	38.61年（88.61歳）
55歳	28.39年（83.39歳）	33.91年（88.91歳）
60歳	24.02年（84.02歳）	29.28年（89.28歳）
65歳	19.85年（84.85歳）	24.73年（89.73歳）
70歳	15.96年（85.96歳）	20.31年（90.31歳）
75歳	12.42年（87.42歳）	16.08年（91.08歳）
80歳	9.22年（89.22歳）	12.12年（92.12歳）

出典：厚生労働省「2021年簡易生命表」
※平均余命とは「ある年齢まで生きた人があと何年生きられるか」の平均年数のこと。カッコ内は該当年齢と平均余命を足した年齢。

標準的な年金月額は、65歳から22万４４８２円（68歳以上は22万３７９３円）になります。自営業者などが受給する老齢基礎年金は、40年加入の満額で月額6万６２５０円（68歳以上は6万６０５０円）になります。

65歳以上の無職夫婦の消費支出は約24万円

総務省「家計調査報告（家計収支編）２０２２年平均結果」によると、65歳以上の夫婦のみの無職世帯の家計収支では、1ヵ月の実収入24万６２３７円に対して消費支出は23万６６９６円です。おそらく今後も値上げなどの影響で、さらに消費支出が増えると思われます。

２０１９年に金融庁が、「老後30年間で約２０００万円が不足する」という試算を発表したことがきっかけで、老後資金のあり方について、議論が巻き起こりました。この、いわゆる「老後２０００万円問題」が話題になったさいに、自分自身の老後資金の必要性を考えた人も多いのではないでしょうか。

自分の年金受給額や預貯金などをもとに、消費支出を考慮して、右ページの表を参考に、自分の余命と老後資金を考えて将来に備えておきましょう。

Q2 実際に、年金だけで一生暮らすことはできますか？

A かなり難しいと思われる。若いうちから年金を増やす、老後資金を貯める努力が必要。

実際に、年金だけで一生暮らすことは困難です。預貯金などを多く持っていないと生活できないと思われます。**「ねんきん定期便」や「ねんきんネット」（年金受給者は年金振込通知書）で自分や配偶者の年金額、さらに家庭の老後の預貯金を把握して、老後の生活設計を考えておきましょう。**厚生年金基金、確定拠出年金、確定給付企業年金などの上乗せ給付のある人は、退職金とともに支給される金額を把握しておくことが重要です。

税優遇制度が利用できる「つみたてＮＩＳＡ（ニーサ）」や「ｉＤｅＣｏ（イデコ）」、生命保険料控除がある「個人年金保険」などで老後資金を増やす努力も大切です。加えて、65歳以降もできるだけ長く働くことを検討してください。

受給中の年金は物価が上昇している割にあまり増えていません。なぜですか？

A 現在はマクロ経済スライド調整率などにより年金額がかなり抑制されているため。

以前は、物価や賃金が上がると年金額も上がり、物価や賃金が下がれば年金額も下がるという完全物価スライド制で、わかりやすい仕組みでした。また、現役世代の保険料を高齢者の年金給付に充てる制度であることから、現役世代の被保険者の減少や、平均寿命の延びにより年金支給総額は増えることになりました。

それらを調整するために、2004年に導入されたのが**「マクロ経済スライド制」**です。しかし、それ以降ずっとデフレが続き、実際には2015年から数回しか実施されていません。

専門的になりますが、くわしく説明しましょう。

マクロ経済スライド制とは、物価や賃金が上がる場合には、調整率（公的年金被保険者の減少や平均寿命の延びを反映）を引いて、年金額を抑制する仕組みです。例えば、物価や賃金が毎年0・3％ずつ上がっても、毎年の調整率が同じ0・3％とすると、調整率が引かれるため年金額は上がりません。

マクロ経済スライド制には「調整率を引いた後の年金額が前年度の額を下回らない」というルールがあります。また、2018年度からは調整率を引いた未調整分を翌年に繰り越すキャリーオーバー制度が導入され、その分がトータルでマイナス0・3％分残っています。

2023年度は、総務省発表の消費者物価指数の対前年度比変動率が2・5％で、名目手取り賃金変動率（2年度前から4年度前までの3年度平均の実質賃金変動率に前年の物価変動率と可処分所得割合変動率を乗じたもの）が2・8％となりました。

その結果、2023年度の67歳以下の人の年金額は、名目手取り賃金変動率からマクロ経済スライド調整率マイナス0・3％とキャリーオーバー分のマイナス0・3％を差し引いて、前年度比2・2％増となっています（68歳以上の人の年金額は前年度比1・9％増）。

Q4 年金がどんどん減っています。この先も減りつづけるのでしょうか？

A 将来、物価や賃金が上がっても年金額はマクロ経済スライド調整率で抑えられてしまう。

２０２０年の消費者物価指数の対前年度比変動率は０・０%で、名目手取り賃金変動率はマイナス０・１%でした。名目手取り賃金変動率が物価変動率を下回る場合は名目手取り賃金変動率を用いるため、２０２１年度の年金額はマイナス０・１%引き下げられました。

２０２２年度の年金額は、２０２１年の消費者物価指数の対前年度比変動率がマイナス０・２%、名目手取り賃金変動率がマイナス０・４%となり、２０２２年度の年金額はマイナス０・４%引き下げられました。

２０２３年度の年金額は少し上がりましたが、物価や賃金が上がったものの、マクロ経済スライド調整率、キャリーオーバー分でかなり抑制されています。

Q5 将来、年金が支給されなくなる心配はありませんか？

A 日本が破たんしないかぎり大丈夫。ただし、将来的には支給水準は下がっていくことに！

２０２２年度の社会保障給付費（予算ベース）は１３１・１兆円で、そのうち年金が58・９兆円。年金は保険料と国・地方の公費（消費税などの税金）、年金積立金の運用などから支払われています。２０２２年9月末の時点で、年金積立金は約１９２兆円で、年金積立金管理運用独立行政法人が管理しています。

今後、団塊の世代がすべて後期高齢者になる２０２５年には、社会保障給付費の大幅な増加が予測されます。将来的には消費税の引上げや、現行65歳の年金支給開始年齢の段階的な引上げも考えられるでしょう。

それでも日本が破たんしないかぎり、年金は支給されます。ただし、支給水準は下がると考えられます。

Q6 年金だけでは生活費が足りません。どうすればいいですか？

A できるだけ長く働いて収入を増やそう。厚生年金に加入して働けば年金額も増える！

老後資金の準備はできるかぎり早いうちから始めるべきですが、ある程度の年齢からでも開始する意義はあります。税制面での優遇制度がある「つみたてNISA（ニーサ）」や「iDeCo（イデコ）」などを利用し、リスクを考慮したうえで投資を心がけ、老後資金を増やしましょう。

会社員であれば、定年後65歳までは現在の会社で働けるので、継続して勤務するといいでしょう。さらに今後は、定年の年齢が70歳に引き上げられる可能性があります。実際に、2021年度から、国は企業に対し定年を70歳に引き上げるよう努力義務を課しています。この動きに連動して、65歳からの年金支給開始年齢が将来的には70歳に段階的に引き上げられ、定年も70歳に段階的に引き上げられることが推測されます。

内閣府の2022年版「高齢社会白書」によると、日本の総人口1億2550万人に対して65歳以上の人口は3621万人で、65歳以上の人の割合（高齢化率）は28・9％になっています。このうち65歳以降70歳まで働いている人が半数近くいるとされています。

さらに、収入のある仕事をしている60歳以上の人の約4割が「働けるうちはいつまでも働きたい」と回答しています。「70歳くらいまで、またはそれ以上」という回答と合計すれば、約9割の人が高齢期になっても働く意欲を持っているのです。

厚生年金は会社員でいるかぎり、70歳まで加入できます。65歳を過ぎても厚生年金に加入して働きつづければ、受給できる年金額も増加します。

ちなみに、65歳を過ぎて週20時間から30時間までで働く短時間労働者の健康保険・厚生年金の社会保険加入の義務化に関する要件は、次のようになっています。

❶賃金の月額が8・8万円以上
❷2ヵ月以上の雇用見込みがある（2022年10月以降）
❸101人以上の企業が対象（2024年10月からは51

人以上の企業が対象）

これから定年を迎える世代は、働きつづけて毎月の収入を増やし、できるだけ長く厚生年金の適用事業所で働いて、受給できる年金額を増やすといいでしょう。

厚生年金加入者は同時に国民年金にも加入していいます。1階部分が老齢基礎年金、2階部分が老齢厚生年金（報酬比例部分）です。60歳以降も厚生年金に加入して働くと、2階部分に相当する老齢厚生年金は、在職定時改定（65歳以上70歳までの在職中の老齢厚生年金受給者は毎年10月に年金額が改定される）により、毎年10月分から年金額が増えることになります。例えば、月額10万円の給料で厚生年金に加入して1年間働くと、年金額は概算で年額7000円程度増えます（下の図参照）。

働きつづけて国民年金の未納分を減らす

1階部分の老齢基礎年金に関しては、現在は20歳から60歳まで40年加入することになっています。40年間加入すると、65歳から支給される2023年度の老齢基礎年金は満額の79万5000円（68歳以上は79万2600円）になります。しかし、例えば学生時代の未納期間や、20歳以上60歳未満の間に国民年金の未納期間がある人は、20歳未満60歳以降に厚生年金の加入期間があれば、その未納期間の老齢基礎年金分が厚生年金に加算（「経過的加算」という）されます。

国民年金のみの人は国民年金基金、付加年金、iDeCoに加入して年金額を増やし、国民年金の免除期間のある人は10年以内に保険料を追納しましょう。また、40年より加入期間が短い人は、任意加入することで60歳を過ぎても保険料を納付できます。

健康に自信があり、自分は長生きすると思う人は、「繰下げ受給」（Q37参照）で年金額を増やしましょう。受給を70歳まで繰り下げると42％、75歳までに繰り下げると84％も年金額が増えます。

このようにさまざまな工夫で年金額を増やすことができます。

年金増加額（概算）

月額給与額（賞与なし）	1年間の厚生年金加入で増加する年金額（年額）
10万円	約7,000円
20万円	約1万3,000円
30万円	約2万円

Q7 物価が上がり生活が大変です。出費を抑えるいい方法はありますか？

A 家計の消費支出などを見直して収支の「見える化」を行い、家計の出費を減らす工夫を！

総務省「家計調査報告（家計収支編）2022年平均結果」によると、65歳以上の夫婦のみの無職世帯の家計の消費支出は1ヵ月23万6696円（下の表参照）。今後も食費、光熱費などの値上げにより消費支出が増えつづけ、家計が逼迫（ひっぱく）すると思われます。

まずは家計簿やアプリなどを利用して、何をどのくらい使っているか、家計全体の分析を行ってください。固定費や変動費を把握し、使途不明金を明らかにして、収支の「見える化」を行うことが大切です。

必要ではないのに、ついほかの物といっしょに購入してしまう「無意識消費」をやめて、余分な消費支出を減らすことも大切です。ただし、将来の生活費以外にも不測の事態の医療費や介護費、持ち家の場合はリフォーム費などの大きな出費があるので、それらへの備えもきちんと予算に組み込んでおきましょう。

支出削減の一例を挙げると、生命保険の保障内容を見直し、老後生活に必要な保障のみにすることが、保険料の節約につながります。交際費、娯楽（ごらく）費についても検討してみましょう。見栄（みえ）を張らずに、お中元、お歳暮などをやめる勇気も必要。新聞、雑誌、本などは図書館を利用するなど、削減できるものはないか、生活を見直してください。

少し工夫すれば、削減できるものはいろいろあるはず。自分の生活水準に合わせた見直しと節約を行うことがポイントです。

65歳夫婦の家計収支の例

支出の内訳	月額
食費	6万7,776円
水道・光熱費	2万2,611円
交通・通信費	2万8,878円
住居費	1万5,578円
保健医療費	1万5,681円
家事・被服・教育娯楽 など	3万6,742円
その他の消費支出（交際費含む）	4万9,430円
合　計	**23万6,696円**

出典：総務省「家計調査報告（家計収支編）2022年平均結果」

第2章

これから必要になるお金についての疑問8

回答者

▶Q 8〜15◀

佐藤正明税理士・社会保険労務士事務所所長
税理士　社会保険労務士　日本福祉大学非常勤講師
佐藤正明(さとうまさあき)

年金暮らしで必要になるお金、いらなくなるお金を知って計画的な生活設計を！

年金暮らしで いらなくなる お金もあるから うまく工面する ことじゃ
いらなくなる お金？
例えば 嫁に行った 茜にかかってた 教育費ね
長女・北沢茜
最も大きいのは 住宅ローンじゃな
住宅ローンは 65歳で完済だから 毎月約5万円の 支出が減るわ
それに 会社関係の 飲み代 厚生年金の 保険料などが いらなくなる 生命保険を 見直せば 毎月数万円も 保険料を減らす ことが可能じゃ
う～ん 差し引き すると……
こう なるわ！
それでも だいぶ 厳しいな～
ガチャ
こんにちは お父さん 実は お願いがあるの
家を買う 資金援助よ
お願い！ かわいい娘と 生まれてくる 子供のために
ジャーン
こうなるのね…
電卓 嫌い…

年金暮らしを始めてから「新たに必要になるお金」はなんですか？

A 家のリフォーム、家電や車の買替え、医療・冠婚葬祭の費用など。極力、支出の削減を！

年金暮らしを始めてからも、**今住んでいる家の経年劣化による屋根や外壁、台所、お風呂のリフォームをはじめ、生活費とは別のさまざまな費用が発生します。**年金暮らしになってから家のリフォームを行ったりすると、家計にその費用負担が重くのしかかってきます。

高齢者の事故で最も多い「転倒」のほとんどは屋内で起こっています。段差を減らす、手すりやスロープを設置するなど、転倒事故による要介護のリスクを回避するためのリフォームも必要になります。

大がかりなリフォームでは、業者との打合せに加え、仮住まいの手配、ローンの借入れなど、さまざまな労力を要します。できれば気力と体力が充実している50～60代のうちに行っておきたいライフイベントです。

また、広い家から夫婦のみ、あるいは単身で暮らしやすい住宅に住み替えたり、生活インフラの整った地域に移り住んだりすることも選択肢の1つです。そのさいは引っ越し費用も考えておかなければなりません。

同様に、**車や家電などの耐久消費財の買替えも必要になる時期でもあります。**燃費のよい軽自動車に乗り換えたり、最新のエアコンや冷蔵庫に買い替えたりすると、長い目で見れば節約につながるでしょう。

老後の旅行や趣味を楽しみにしている人は多いと思います。いつ必要になるかわからない医療費や介護費用、冠婚葬祭費はきちんと確保し、残りの余裕資金で楽しむことが大切です。

必要な生活費の割合

日常生活に最低限必要なお金
余裕資金（旅行・趣味など）
非日常的なイベント（リフォーム・家電や車の買替えなど）

年金暮らしでは「いらなくなるお金」が多いと聞きました。どんなお金ですか？

A 年金や生命保険の保険料、住宅ローン、子供の教育費、会社関連の交際費などが不要に！

現在、国民年金の保険料の納付期間は、原則として20歳から60歳になるまでとされています。

その一方で、60歳以降も厚生年金が適用されている会社で働きつづける場合には、70歳まで年金保険料を納付し、年金をもらいながら働くことも可能です。その場合、年金月額と総報酬月額相当額（ボーナスを含む平均月給）の合計が48万円を超えると、年金の一部または全額が支給停止になる在職老齢年金（Q21参照）に注意する必要があります。ただし、将来受け取る年金額が増えるので、払った保険料は決して無駄にはなりません。

民間の一般的な生命保険の場合も、その多くが60歳または65歳払済みに設定されているので、年金暮らしでは保険料の負担はなくなります。

しかし、国民健康保険などの公的医療保険、公的介護保険の保険料は、原則として引き続き納付しなければなりません。これは「必要なお金」としてカウントしておきましょう。また、火災保険や地震保険、自動車保険などの損害保険も継続しておきたい備えです。

住宅ローンについては、60歳前後の定年時で返済の完了（完済）を想定して組んでいる人が多いのではないでしょうか。もしも定年後もローンが残るようであれば、最優先で繰上げ返済を考えましょう。もちろん、返済は無理のない範囲で行うことが大切です。

年金暮らしになるころには子供も社会人となり、教育費がかからなくなっているはずです。結婚資金や住宅購入資金、開業資金などの援助を頼まれることがあるかもしれませんが、自立した子供への援助はほどほどにしましょう。

ついついお金を使ってしまいがちになるのは、「目に入れても痛くない」ほどかわいい孫へのお年玉やプレゼントでしょう。見栄(みえ)を張らずに、できる範囲で行えばいいのです。愛情と金額は決して比例しません。

会社関連で使っていた費用は不要になる

定年退職後に大きく変わるのは、会社関係の出費です。具体的には**会社帰りの居酒屋に立ち寄っていた交際費、昼食代、被服費などが不要**になります。年金暮らしになれば、スーツやネクタイ、ビジネスバッグなどを購入することもないでしょう。これまでは会社や取引先に関わる冠婚葬祭費、終電を逃したときのタクシー代などに費やしたお金も少なくなかったはずです。

近年のコロナ禍により在宅ワークに切り替えた人の中には、時間的に余裕ができ、出費も減ったと感じている人も多いのではないでしょうか。

定年退職の慰労会でネクタイを贈られた人が、後で「私はもうネクタイはしないんだが……」と苦笑していたという話を聞いたことがあります。このほか、ビジネスシューズの買替えや、スーツ、シャツのクリーニング費用もなくなります。

Q10 実際、年金暮らしを快適に送るための「生活費」はいくら必要ですか？

A 年金額や生活費などによって人それぞれ大きく違う。35ページのシートで計算するといい。

生命保険文化センターの「2022年度生活保障に関する調査」によると、**夫婦2人の老後の最低日常生活費は、平均で月額23・2万円。**これに対して、**ゆとりある老後生活費は平均で37・9万円**となっており、「ゆとり」をどう考えるかによって必要な生活費は違ってきます。

年金暮らしになったときに、今までのライフスタイルを大きく変えることはできません。それでも収入がダウンする中でどう暮らしていくのか、前もって見通しをつけておくことが大切です。

1つの目安として、リタイア前の収入の80％程度で生活設計を行い、これからどう備えればいいのか考えてみるといいでしょう。

特別付録 1 年金暮らしにかかるお金の総額がわかる あなたの生活費 速算シート

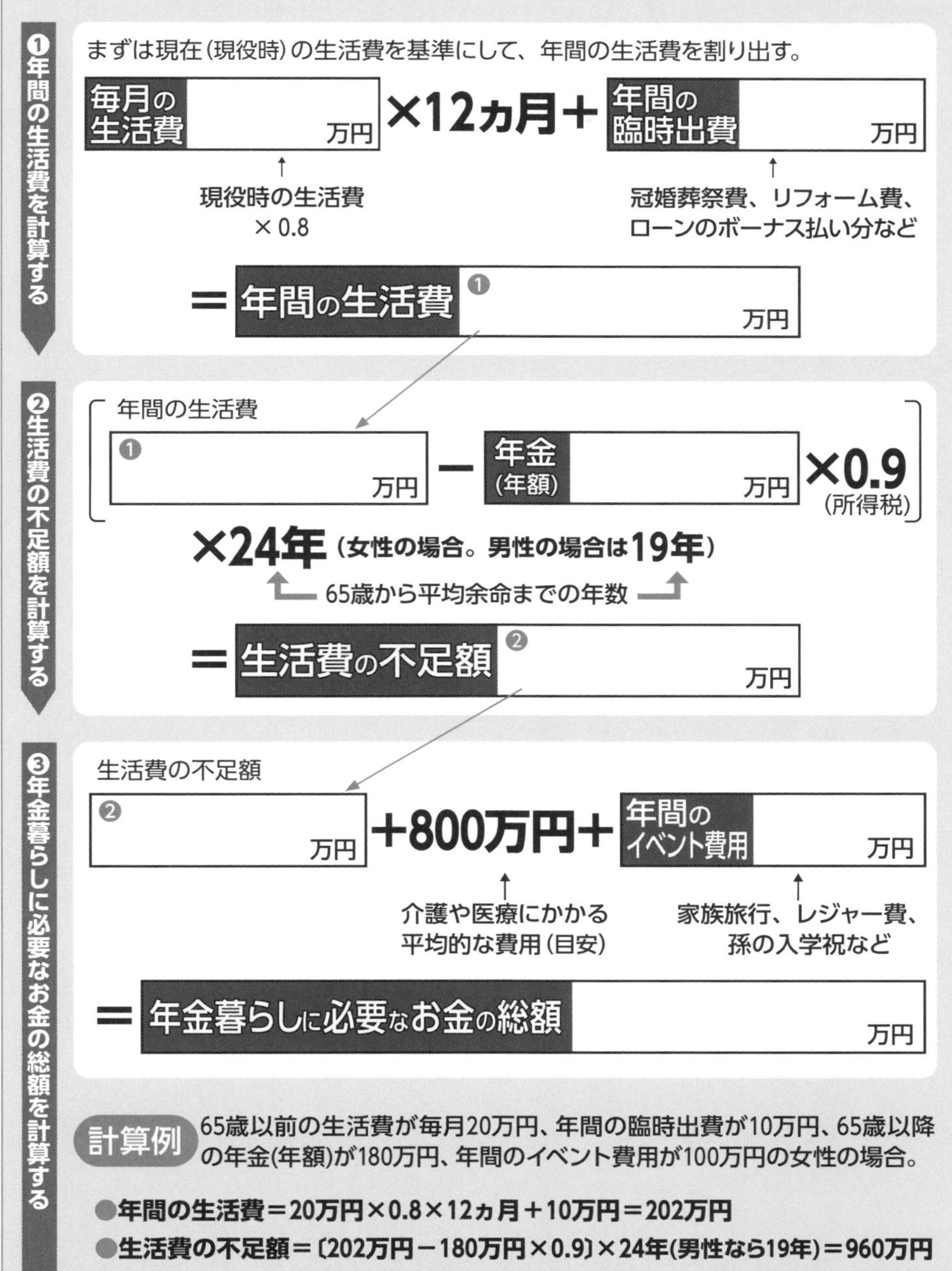

計算例 65歳以前の生活費が毎月20万円、年間の臨時出費が10万円、65歳以降の年金(年額)が180万円、年間のイベント費用が100万円の女性の場合。

- **年間の生活費＝20万円×0.8×12ヵ月＋10万円＝202万円**
- **生活費の不足額＝〔202万円－180万円×0.9〕×24年(男性なら19年)＝960万円**
- **年金暮らしに必要なお金の総額＝960万円＋800万円＋100万円＝1,860万円**

入院や手術でかかる多額の「医療費」が心配です。実際、いくら必要ですか?

A 健康保険の高額療養費などで医療費負担は心配するほど高くなく、月1・6万円程度。

高齢になればなるほど、通院の回数や服用する薬が増え、入院すると、その期間も長くなりがちです。つまり、医療費がかさむリスクは年々高まります。

厚生労働省の「医療費の動向調査（2021年度）」によると、**75歳以上の医療費は年間で93・9万円と報告されています。ところが、実際にかかる費用（窓口負担）は、1〜3割なので、3割負担としても年間28万円、1割負担なら9万円程度ですむことになります。**

これに加えて、世帯単位の月ごとの医療費に上限を設けて負担を軽減する**「高額療養費制度」**が利用できます。毎月の上限額は所得水準によって、また70歳以上かどうかによっても異なってきます。

70歳以上になると外来診療だけの上限額も設けられています。1人分では上限額を超えなくても、同一世帯・同一医療保険の加入者を合算する「世帯合算」を適用することができます。ただし、上限額に達した月が1年に4回以上ある場合は「多数回該当」として上限額が引き下げられることになります。さらに、介護保険の自己負担額との兼ね合いで負担を軽減できる**「高額医療・高額介護合算療養費制度」**もあります。くわしく知りたい人は、加入している医療保険に問い合わせてください。

これらの制度を利用することで、医療費を抑えることができます。総務省「家計調査年報2021年」によると、**実際にかかった保健医療費（月額）は、65歳以上の夫婦2人世帯で1万6200円、単身世帯で8500円と報告されています。**

公的保険制度では、原則として75歳未満の会社員は健康保険に、自営業者や年金暮らしの人は国民健康保険に加入しますが、75歳以上になると後期高齢者医療制度に加入することになります。本人・家族および収入や所得の状況によって窓口負担の割合（1〜3割）が決まるので、住まいの役所に確認しましょう。

Q12 高齢者や持病のある人も対象の「医療保険」は、もしもに備え加入しておくべきですか？

A 特定の病気を除いて医療費の大半は健康保険で補ってくれる。加入の有無は慎重に検討を！

２０２２年10月から、一定以上の収入のある75歳以上の高齢者（後期高齢者医療保険）の窓口負担割合が１割から２割に引き上げられました。少子高齢化が進む今後は、さらに窓口負担が増える可能性もあります。しかし、Ｑ11で解説したように、日本の「国民皆保険制度」はとても充実しています。医療費の負担が増えることを過度に心配する必要はありません。

ただし、公的医療保険の対象となるのは、あくまでも治療費、薬代、入院費用だけです。実際に病気になって通院・入院すると、通院や家族の見舞いなどよって生じる交通費、入院中の食事代や差額ベッド代、日用品代など、さまざまな費用負担が発生します。

こうした公的医療保険で補えない費用の備えは確かに必要ですが、新たに医療保険に加入し、その保険料が家計を圧迫するようなことになれば本末転倒です。預貯金などで「医療の予備費」として蓄えておき、必要なときに使うほうが効率的です。

なお、公的医療保険制度が適用されない自由診療（自費診療）、高度な先進医療（一部は保険診療が認められる）を希望する場合には、原則として全額自己負担となるため、医療保険などによる準備が必要です。

入院で自己負担する費用の例

○ 治療費・入院費

原則、公的医療保険を利用できるが、１～３割の自己負担、または高額療養費制度の自己負担が生じる。

○ 食事代・差額ベッド代

公的医療保険の対象外。全額自己負担。

○ その他の費用

パジャマなどの衣類、歯ブラシなどの日用品、見舞いにくる家族の交通費など。全額自己負担。

○ 先進医療・自由診療の費用

美容整形、歯列矯正・インプラント、保険医療機関以外での治療、高度先進医療（保険治療の部分を除く）など。全額自己負担。

Q13 非課税の「NISA」「つみたてNISA」は安全に運用するならどちらがおすすめ？

A NISAのほうがハイリスク。投資に不慣れな人はつみたてNISAから始めるのが無難！

現在、少額投資非課税制度が適用されているNISA（ニーサ）には、「つみたてNISA」と、「一般NISA」の2種類があります。

つみたてNISAは、一定の基準を満たした投資信託に少額からの長期・積立て・分散投資を目的とした金融商品です。年間の投資枠（非課税枠）は40万円で、積み立てられる期間は2042年までとなっています。

一方、一般NISAは国内外の株式やREIT（リート）、投資信託を投資対象としている金融商品です。年間の投資枠（非課税枠）は120万円で、投資できる期間は2023年までとなっています。

現在、NISAはどちらか1つの制度しか利用できません。しかし、2024年1月からは新しい制度に生まれ変わります（くわしくは下の表を参照）。

大きな違いは、つみたてNISAが「つみたて投資

新しくなるNISAの内容

	現行NISA（2023年12月まで適用）		改正後（新NISA）（2024年1月から適用）	
制度名	つみたてNISA	一般NISA	つみたて投資枠	成長投資枠
制度選択	併用不可（どちらか1つを選択）		併用可	
投資枠（年額）	40万円	120万円	120万円	240万円
非課税期間	最長20年	最長5年	無期限	
最大利用額	800万円	600万円	1,800万円（成長投資枠は最大で1,200万円）	
投資方法	積立て	スポット	積立て	スポット
対象商品	一定の公募株式投信	上場株式、一定の公募株式投信	一定の公募株式投信	上場株式、一定の公募株式投信

枠」、一般NISAが「成長投資枠」という名称に変更され、両方の制度を利用（併用）できることです。いずれも保有期間の制限がなくなり、1800万円の生涯非課税限度額が設定されることになりました。つまり、非課税になるのは何年までと投資期間を気にすることなく、生涯で1800万円（取得価額ベース）まで利用できるようになるのです。

制度が変更になったとしても、投資の仕組みは原則、従来と変わりません。**投資に慣れていない人が始めるなら、現行の積立て・分散投資に適しているとされる、つみたてNISA、つまり、つみたて投資枠から始めてみるといいでしょう。**リスクを分散しながら、コツコツと積み立てて資産を形成することが可能です。

一般NISA、つまり成長投資枠は、上場株式や投資信託などに投資するため、個別株を買いたい人やまとまった金額で運用したいという人に向いています。

なお、2023年末までに現行制度のつみたてNISA、一般NISAを利用して投資した投資信託などは、現行制度のままの非課税措置が適用され、新しいNISAとは別枠で継続できます。

Q14 年金暮らしでは「月10万円稼げば十分やっていける」と聞きました。本当ですか？

A 年金生活者の支出は平均で月30万円程度。年金が20万円なら10万円稼げば十分生活できる。

総務省「家計調査年報2021年」によると、65歳以上の夫婦のみの世帯の公的年金等（社会保障給付）の収入は、月額21万6500円あまり。それに対して、食費などの支出の総額は、月額25万5000円程度でした。年金以外の収入が4万円ほどあれば不足分を補える計算になります。10万円稼げば十分に生活できるでしょう。

これらの金額はあくまで目安です。**実際に、年金の受給額がいくらか、繰下げ受給でいくら増えるか、年金以外の収入はあるか、さらに預貯金の取りくずし可能額などをトータルで把握することが大切です。**それらを踏まえて、どれだけお金を使えるのか、どれだけ不足分を補うために働けばよいのかを考えてみるといいでしょう。

Q15 自分が亡くなったときの葬儀費用など、お金は最低でもいくら遺しておくべきですか？

A 葬儀の形式や地域性などで違ってくるが、100万〜150万円遺しておけば賄える。

近年はコロナ禍ということもあり、近親者のみで行う家族葬やお通夜を省略する一日葬が主流になってきています。また、儀式を一切行わない直葬・火葬式も増える傾向にあり、昔ながらのお葬式という形式が変わりつつあります。その結果、葬儀費用も大幅に減っている傾向にあるようです。

葬儀費用は、宗教や宗派、住んでいる地域によっても大きく違ってきます。**主な費用は、❶葬儀そのものにかかる費用（お通夜・葬儀・告別式、斎場使用料など）、❷飲食などの接待にかかる費用（参列者に供する飲食やお香典の返礼品など）、❸お寺など宗教者へのお礼（戒名授与や読経に対する感謝の気持ちとしてのお布施）の3つに分けられます。**

お葬式について調べた『第5回お葬式に関する全国調査2022』（鎌倉新書）によると、平均で基本料金（斎場利用料、火葬場利用料、祭壇、棺、遺影、搬送費など）が67・8万円。飲食費が20・1万円、返礼品の費用が22・8万円などとなっており、総額で110・7万円と報告されています。

お布施（寺社など宗教者へのお礼）や戒名料は地域性やお寺との関係などによって大きく違ってきます。一概にはいえないものの、お布施は10万円未満、戒名料は10万円以上50万円未満が多く、**お香典の収入を考慮するとトータルで100万〜150万円遺しておけば、遺族に迷惑をかけることはないと思われます。**

自分の死後にみんなが仲よく暮らせるように、葬儀費用を準備しつつ、相続がある場合は、「争族」にならないように遺言書を準備しておくといいでしょう。

第3章

今 受け取っている年金の増やし方についての疑問12

回答者

▶Q16〜27◀

城戸社会保険労務士事務所所長
特定社会保険労務士
城戸正幸（きどまさゆき）

年金受給中の人も会社で働けば年金は大半が全額もらえるばかりか在職中に毎年増える！

会社勤めを続けると年金が減額される在職老齢年金という仕組みがあるが年金月額と総報酬月額相当額の合計が48万円以下なら全額支給される
年金月額
＋
総報酬月額相当額
＝
48万円以下※
※2023年3月までは47万円以下。
それも大丈夫よあなたたなら！
ヨッ！
安月給！
ところでお二人は65歳前に支給される特別支給の老齢厚生年金をもらっておるかのぉ
え？65歳前に支給？
この通称特老厚という年金はご主人は64歳からご奥さんは62歳からもらえるはずじゃ
請求すれば現時点までの支給分を一括で受け取れる
おれは64歳の1年分……
私は62～63歳の2年分
助かるわー
特老厚は通常の年金額の6割程度じゃご主人の場合はそれと総報酬月額相当額の合計が48万円以下なら…
大丈夫！あなたの場合全額もらえるわ
キャー
安月給だからね！フン

Q16 今すでに受給している年金を増やす方法があると聞きました。本当ですか?

A 65歳以降も会社で働けば在職中に年金は増額され、働き方で在職中の減額も回避できる。

老齢厚生年金を65歳以前、あるいは65歳から受給している人は、働きながら年金額を増やすことができます。

公的年金の制度改正により、２０２２年4月から**「在職定時改定」**が導入されました。これにより、**65歳以上70歳未満で仕事に就いている人は、65歳以降に払った厚生年金保険料の分が、毎年1回増額されるのです。**

働きながら年金を受け取る在職老齢年金（Q21参照）では、老齢基礎年金と経過的加算（Q17参照）は全額支給されます。老齢厚生年金（報酬比例部分）については、この月額と総報酬月額相当額（ボーナスを含む平均月給）の合計が48万円を超えると一部または全額が支給停止になりますが、48万円以下なら全額支給されます。そして、老齢厚生年金を受給している場合、毎年10月にこの金額の見直しが行われ、増額されることになります。

在職定時改定の目的は、65歳以降も会社で働きつづける人の年金水準の確保・充実を図るため、厚生年金に引き続き加入した成果を、早期に年金額に反映することにあります。これにより、年金を受給しながら働く人は、在職中に年金額が増えるメリットを得られるのです。

なお、厚生年金の加入の上限年齢は70歳なので、在職定時改定は65歳から5年間だけの制度となります。

パートタイマーも在職中に年金を増やせる

厚生年金に加入できる企業規模の要件（従業員数）は２０２２年10月から「１０１人以上」に緩和されており、さらに２０２４年10月から「51人以上」に緩和されます。そのため、今後は雇用形態がパートタイマーの人でも年金を増額できるケースが増えると見込まれます。

パートタイマーが厚生年金に加入するためには、週の所定労働時間が20時間以上で、年収１０６万円以上などの要件を満たす必要があります。ただし、厚生年金に加入した場合は、配偶者の扶養から外れます。

Q17 65歳以降も働きつづければ今受給している年金は増えますか？ 増やすコツは？

A 厚生年金は給料と加入期間で受給額が決まるため、高い給料で長く働くほど年金は増える。

65歳以降も働きつづけ、厚生年金の加入を継続すれば、将来受け取る年金額を増やすことができます。

老齢厚生年金（報酬比例部分）の受給額は、ボーナスも含めた給料の平均（平均標準報酬額）から月額単価を割り出し、それに支給率と加入期間（月数）を掛けて算出します。つまり、**厚生年金は、給料と加入期間によって受給額が決まり、高い給料で長く働くことが年金を増やすコツ**になります。

また、**厚生年金の加入月数が480ヵ月（40年）になるまでは、「経過的加算」も含めて増額されます。**

なお、65歳前に受け取れる特別支給の老齢厚生年金の定額部分の単価と老齢基礎年金の1ヵ月当たりの単価の差や、20歳前と60歳以降の厚生年金の加入期間は、老齢基礎年金の年金額の対象とされません。経過的加算は、これらをカバーするために設けられているのです。

厚生年金加入の継続で増える年金額の目安

年収	平均標準報酬額	65歳以降の加入による老齢厚生年金の増加額（年額）				
		1年加入	2年加入	3年加入	4年加入	5年加入
180万円	15万円	9,200円	1万8,400円	2万7,500円	3万6,700円	4万5,900円
240万円	20万円	1万2,200円	2万4,500円	3万6,700円	4万8,900円	6万1,200円
300万円	25万円	1万5.300円	3万0,600円	4万5,900円	6万1,200円	7万6,500円
360万円	30万円	1万8,400円	3万6,700円	5万5,100円	7万3,400円	9万1,800円
420万円	35万円	2万1,400円	4万2,800円	6万4,200円	8万5,600円	10万7,000円
480万円	40万円	2万4,500円	4万8,900円	7万3,400円	9万7,900円	12万2,300円

※2023年度の再評価率で計算。

- **65歳以降の老齢厚生年金は、厚生年金加入月数が480ヵ月になるまでは上記の額に加え経過的加算も含めて増額される。**
  ※厚生年金の加入月数が40年（480ヵ月）以内のとき、経過的加算額＝1,657円×65歳以降の加入月数（68歳以上の人の単価1,652円）
  ※厚生年金の加入月数が40年（480ヵ月）を超えるとき、超過分の経過的加算額は支給されない（上限は480ヵ月）。
- **厚生年金の加入期間の上限は、70歳到達の前月まで。それ以降在職しても増額はない。年金は亡くなる月まで生涯支給される。**

Q18 受給中の年金が増える2022年施行の新制度「在職定時改定」はどんな仕組みですか？

A 65歳以降も会社で働く人は在職中に年金額が年1回改定され、増額された年金が支給される。

Q16でも述べたように「在職定時改定」が導入され、65歳以降に働いている人は年金を有利に受け取れるようになりました。その仕組みは、下の図のとおりです。

年金額は毎年1回、「基準日」とされる9月1日に改定されます。毎年、前年9月から当年8月までの加入期間分を上乗せし、当年10月分（12月定期支払分）から老齢厚生年金が増額されるのです。

加算される年金は、老齢厚生年金、つまり報酬比例部分です。経過的加算（Q17参照）が支給される場合は、この加算も含めて計算され、改定された年金額を記載した「支給額変更通知書」が手もとに届きます。

なお、厚生年金の加入期間が20年以上になると、年金の家族手当ともいえる加給年金や振替加算が支給されたり、逆に支給停止されてしまったりする場合があるので注意しましょう。

在職定時改定で年金が増額

65歳以降、在職老齢年金を受けている人の場合

毎年、基準日（9月1日）の前月（8月）までの厚生年金加入期間を加えて年金額が再計算される。

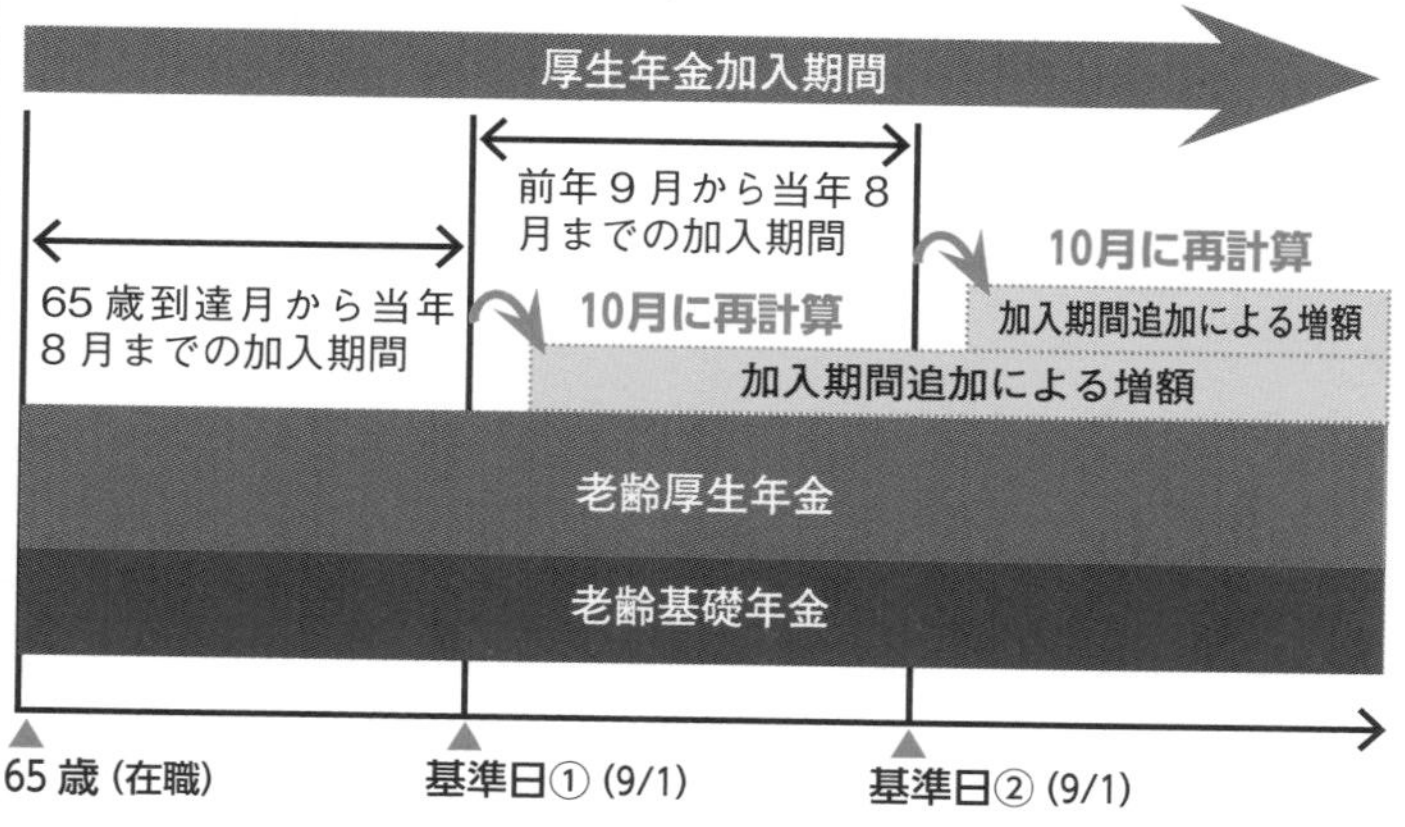

※出典：日本年金機構「老齢年金ガイド（2022年度版）」をもとに作成。

Q19 受給中の年金が増える「在職定時改定の適用要件」はなんですか？

A 65歳以上70歳未満の人で、厚生年金に加入しながら会社で働きつづけている人。

2022年3月までは、65歳以降に在職（厚生年金に加入）した場合、年金額が改定されるのは退職から1ヵ月経過したとき、もしくは70歳に達したときでした。これを「**退職改定**」（または70歳改定）といいます。

それが、「**在職定時改定**」（Q16参照）の導入によって、在職中であっても退職を待たずに、年1回、一定の時期に年金額が改定されるようになりました。

在職定時改定の適用要件は、❶基準日（9月1日）に在職している被保険者、❷65歳以上70歳未満の人です。65歳未満の人（65歳以前に繰上げ受給を選択した人を含む）には適用されません。

なお、基準日をまたいで厚生年金の資格喪失と資格取得がある場合、適用の基準は複雑になります。

例えば、基準日の前に会社を退職し、その後、1ヵ月以内に再就職して厚生年金の資格を再取得したようなケースです。この場合は、退職改定が行われず、在職定時改定の対象となります。

ほかにも、基準日をまたぐ事例がいくつかあります。くわしくは、左の図を参照してください。

基準日をまたぐケース

基準日（9月1日）をまたいで、資格喪失と資格取得がある場合の適用パターン。 ※喪失日は退職日の翌日。

パターン❶

喪失日：8月20日	取得日：9月10日	改定月：10月

基準日前に資格喪失、基準日をまたいで1ヵ月経過前に資格取得 ➡ **在職定時改定**

パターン❷

喪失日：8月20日	取得日：9月25日	改定月：9月

基準日前に資格喪失、基準日をまたいで1ヵ月経過後に資格取得 ➡ **退職改定**

パターン❸

喪失日：8月20日	取得日：9月1日	改定月：10月

基準日前に資格喪失、1ヵ月経過前に資格取得、退職改定なし ➡ **在職定時改定**

パターン❹

喪失日：9月1日	取得日：9月20日	改定月：10月

基準日において被保険者ではないが、退職改定が行われない ➡ **在職定時改定**

Q20 在職定時改定が適用されると受給中の年金は「いつから、いくら増額」されますか？

A 毎年9月1日の前月までの加入期間を加えて年金額が再計算され、10月分から増額される。

「在職定時改定」が適用されると、毎年、前年9月から当年8月までの被保険者期間を上乗せし、当年10月分（12月振込分）から年金額の改定が行われます。

在職定時改定で増える年金額は、平均標準報酬額（ボーナスを含めた平均給料）によって異なります。

ちなみに、増額されるのは老齢厚生年金、つまり報酬比例部分です。厚生年金加入月数が480ヵ月になるまでは、経過的加算（Q17参照）も含めて増額されるので、かなり優遇されているといえるでしょう。

ただし、在職定時改定は、給料が高額で、在職老齢年金（Q21参照）が支給停止になっている場合、効果は限定的です（在職定時改定で支給停止額が増額となり、年金額はほとんど増えないケースもある）。

なお、66歳以降の繰下げ受給を行う場合は、年金を受け取るまでの間、在職定時改定は行われません。

在職定時改定で増額される年金額の計算式

❶ **報酬比例部分＝平均標準報酬額※1 × 5.481/1,000 × 前年9月から当年8月までの加入月数**

※1……年度ごとの再評価率により算出作成。

❷ **経過的加算（定額部分）＝ 1,657円※2 ×前年9月から当年8月までの加入月数**

❷は厚生年金の加入月数が40年（480ヵ月）以内のときに計算。
※2……68歳以上は1,652円。

❶ ＋ ❷ ＝ 在職定時改定で増額される年金額

【事例】1957年4月2日生まれの女性……2022年9月から、年収240万円（平均標準報酬額20万円）で勤めている場合。

- 在職定時改定は2023年9月1日。
- 2022年9月分～2023年8月分の12ヵ月分を算入して年金額を算出。

❶報酬比例部分＝20万円×0.930×5.481/1000×12≒1万2,234円／年
※0.930は2023年度の再評価率

❷経過的加算（定額部分）＝1,657円×12ヵ月＝1万9,884円（年額。67歳以下の人）

➡❶1万2,234円＋❷1万9,884円＝3万2,118円（年額）が増額される

※厚生年金の加入月数が40年（480ヵ月）を超える場合、❷は支給されない。

21 受給中の年金が「在職老齢年金」の仕組みで減らされています。どんな仕組みですか？

A 高額の給料で働いている人の年金が、給料に応じて減額または支給停止される仕組み。

70歳未満の人が会社に勤務し厚生年金保険に加入している場合や、70歳以上の人が厚生年金保険の適用事業所に勤めている場合には、**老齢厚生年金の額（基本月額）と総報酬月額相当額（ボーナスを含む平均月給）に応じて、年金の一部または全額が支給停止となる場合があります。これが「在職老齢年金」です。**

支給停止になる基準額（基本月額＋総報酬月額相当額）は、2023年4月から48万円に改定されました（以前の基準額は47万円）。基準額が48万円を超えると支給停止の対象となります。

在職老齢年金による支給停止は、老齢厚生年金（報酬比例部分）に対してのみ行われます。老齢基礎年金と経過的加算（Q17参照）は支給停止の対象外です。

老齢厚生年金に加給年金が加算されている場合、加給年金額を除いて在職老齢年金を計算します。なお、老齢厚生年金が一部でも支給される場合は加給年金が全額支給されますが、全額支給停止される場合には加給年金も全額支給停止となります。

在職老齢年金による調整後の年金月額は、Q22の計算式で算出できるので参照してください。

ところで、「繰上げ受給」（Q24参照）をした人も被保険者（在職中）の場合は、繰上げ支給の厚生年金に在職老齢年金の仕組みが適用され、年金額の調整が行われます。つまり、年金が支給停止されることがあるのです。

また、雇用保険の「高年齢雇用継続給付」を受けられる人は、特別支給の老齢厚生年金（特老厚）が支給停止される（最高で総報酬月額相当額の6％）ことがあるので注意してください。

ちなみに、高年齢雇用継続給付とは、雇用保険の被保険者期間が5年以上ある60歳以上65歳未満の人の賃金額が60歳到達時の75％未満となった場合、最高で新しい賃金の15％に相当する額が支払われる制度です。

高年齢雇用継続給付の支給率と特老厚の支給停止割合

60歳時点に比べた給料の低下割合	高年齢雇用継続給付の支給率	特別支給の老齢厚生年金の支給停止割合
75% 以上	0%	0%
74%	0.88%	0.35%
73%	1.79%	0.72%
72%	2.72%	1.09%
71%	3.68%	1.47%
70%	4.67%	1.87%
69%	5.68%	2.27%
68%	6.73%	2.69%
67%	7.8%	3.12%
66%	8.91%	3.56%
65%	10.05%	4.02%
64%	11.23%	4.49%
63%	12.45%	4.98%
62%	13.7%	5.48%
61% 以下	15%	6%

特老厚の支給停止の基本的な仕組み

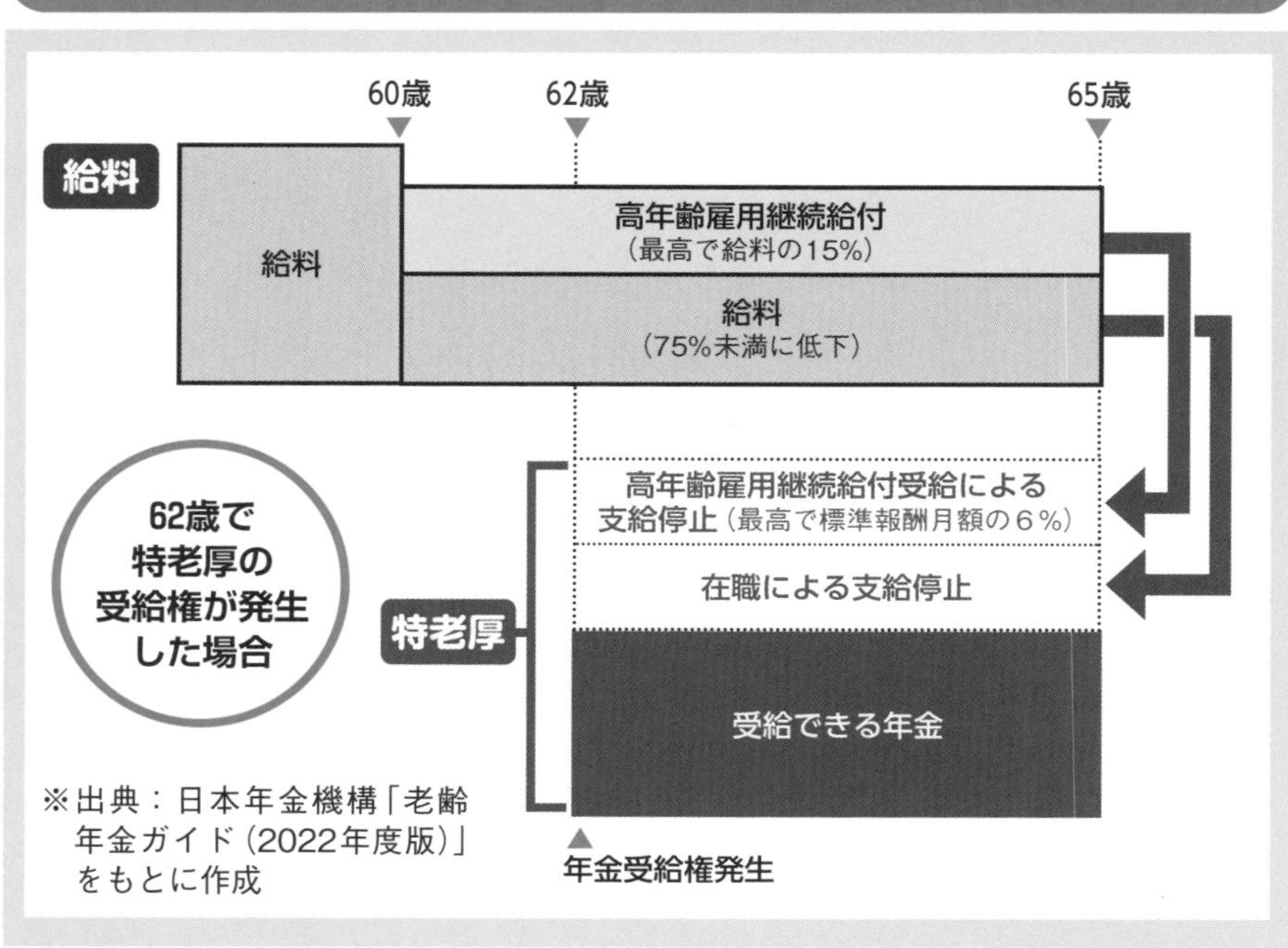

※出典：日本年金機構「老齢年金ガイド（2022年度版）」をもとに作成

Q22

在職老齢年金の減額を回避して年金を増やす方法はありませんか?

A 年金との合計が48万円以下になる給料で働くと、減額を回避できるため年金額が増える。

「在職老齢年金」は、年金の月額(基本月額)と総報酬月額相当額(ボーナスを含む平均月給)の合計額が48万円以下なら、年金は全額支給されます。しかし、48万円を超えた場合、超過分の2分の1が支給停止されます。

もっとも、年金の支給停止額は給料で収入が増えた分の2分の1なので、給料と年金の合計額は底上げされます。つまり、全体的な収入は増えるので、定年後に働きつづけることが損というわけではありません。

給料が高額で年金が全額停止されても、給料は全額受け取れます。後のことを考えれば、将来もらう年金額は現在の給料が高いほど増えるので、働けるうちは年金よりも給料を重視したほうがメリットは大きいでしょう。

支給停止になる基準額が、65歳未満も65歳以上と同じ47万円(2023年4月からは48万円)に改定されたことで、働く側にとっては給料と年金の両方をもらえる機会が増えます。そのため、就労調整をする人は少なくなるでしょう。

在職老齢年金による調整後の年金月額は、下の計算式で算出できます。支給停止額は次の❶❷のいずれかになります。

❶基本月額と総報酬月額相当額の合計が48万円以下→支給停止額=0円(全額支給)

❷基本月額と総報酬月額相当額の合計が48万円超→一部または全額が支給停止

在職老齢年金の調整に

在職老齢年金による調整後の年金月額

◉ 在職老齢年金による調整後の年金月額の計算式

基本月額[※1] −(基本月額+総報酬月額相当額[※2] −48万円)÷2

※1 加給年金を除いた老齢厚生年金(報酬比例部分)の月額。厚生年金基金や共済組合の年金も受け取っている場合、それらも含めて基本年金月額として、全体の支給停止額を求める。

※2 当月の給料(標準報酬月額)と、当月以前1年間のボーナス(標準賞与額)を12で割った額の合計。

よって年金額が０円になると、老齢厚生年金（加給年金額を含む）は全額停止となりますが、65歳以上の経過的加算は支給されます。

また、共済組合などから老齢厚生年金を受け取っている場合は、年金額に応じて按分した額がそれぞれ支給停止となります。

給料（総報酬月額相当額）と在職老齢年金の関係については、下の表を参照してください。この表では、年金月額を10万円と仮定し、給料が高くなると在職老齢年金がどれだけ減るのかを示しています。

給料と在職老齢年金の関係

年金月額が10万円の場合		
給料（総報酬月額相当額）	支給停止額	在職老齢年金額
38万円	０円（全額支給）	10万円
42万円	－２万円	８万円
46万円	－４万円	６万円
50万円	－６万円	４万円
54万円	－８万円	２万円
58万円	－10万円（全額支給停止）	０万円

Q23 在職老齢年金の減額は給料が下がると回避できますが、低い給料で働いたほうが得？

A 一概にはいえない。年金が減額されても、将来は働いた期間分が増額されて支給される。

在職老齢年金は、年金の月額（基本月額）と総報酬月額相当額（ボーナスを含む平均月給）の合計額が48万円以下なら、全額支給されます。そのため、年金額が減らないように就労をあえて制限をしている人もいます。

とはいえ、働いて年金が減っても給料と年金の合計収入は増えるので、不利益を被るわけではありません。

ちなみに、仕事を辞めて１ヵ月が経過すれば、在職老齢年金による支給停止はなくなり、全額支給されます。

また、**年金に反映されていない退職までの加入期間の追加によって年金額が再計算されます。その結果、年金額は、給料が高いほど加入期間（70歳が上限）が長いほど増額されることになります**（Q17の表参照）。

Q24 60歳から「繰上げ受給」をしたため少ない年金で暮らしています。どうしたらいい？

A 残念ながら65歳からの原則的な受給には戻せない。働くなど収入を増やすことを考えよう。

老齢基礎年金・老齢厚生年金は、本来の支給開始年齢65歳になる前に受け取る**「繰上げ受給」**が可能です。また、この手続きを「繰上げ請求」といいます。

繰上げ受給は、早くから年金を受け取れる反面、本来の受給額からかなり減額されてしまいます。具体的には、繰上げ請求した月から本来の受給開始日の前月までの月数に応じた減額率で年金額が減らされるのです。しかも、繰上げ請求は、老齢基礎年金と老齢厚生年金のどちらか一方だけはできず、同時に行う必要があります。

繰上げ受給は後で取り消すことができず、65歳からの原則的な受給には戻せません。そのため、年金事務所では、繰上げ請求時に年金額の試算、繰上げ請求した場合としない場合のメリット・デメリット、適用される減額率を説明したうえで、請求者に確認書を提出してもらうなど慎重を期しているのです。

5年早い繰上げ受給で年金が24％減る

では、繰上げ受給をすることで、どれくらい年金額が減るのでしょうか。２０２２年に公的年金の制度改正が行われ、**繰上げ受給の減額率は、条件付きで1ヵ月当たり0・5％から0・4％に引き下げられました。0・4％が適用されるのは、1962年4月2日以降に生まれた人です（それ以前に生まれた人の減額率は0・5％）**。

減額率0・4％の人が5年早く繰上げ受給した場合、［0・4％×60ヵ月］で本来の年金額よりも24％減ります。仮に、本来の年金額が1ヵ月当たり15万円の場合は、24％の減額で11万4０００円となります。

繰上げ受給を検討している人は、事前に減額された年金額を知り、慎重に考えたほうがいいでしょう。

ご質問のように、**繰上げ受給の年金額が生活するのに不十分なら再就職して社会保険に加入するといいでしょう。給料を得られるうえ、将来の年金額を増やせます。**

Q25 年金受給中の私が亡くなると「遺族年金」は家族の誰が受給できますか？

A 子供がいる配偶者または子供。厚生年金の加入期間があれば、広い範囲の人が受給可能。

遺族年金を受け取れる遺族は、故人に生計を維持されていた人のうち、最も優先順位の高い人が受給できます（下の図参照）。「生計を維持されている」とは、死亡時に故人と同居し、なおかつ遺族の収入が、年収850万円未満または、所得が655・5万円未満の場合です。

遺族年金の対象者

遺族基礎年金の対象者

Ⓐ子供がいる妻または夫
Ⓑ子供 ※ⒶⒷどちらかが受給
→18歳到達年度の3月31日までの子供（未婚）か、1級または2級の障害を持つ未婚の20歳未満の子供が条件。

遺族厚生年金の対象者

❶子供がいる妻または夫
❷子供 ※遺族基礎年金と同条件
❸子供がいない妻または子供がいない55歳以上の夫
❹ 55歳以上の父母
❺孫 ※子と同条件
❻ 55歳以上の祖父母
※上記は優先順位。❶～❸のいずれかが受給すると、❹以下に受給権は発生しない。

Q26 「遺族基礎年金」と「遺族厚生年金」で家族の受給額はいくら違いますか？

A 受給額は加入する年金の種類などで異なる。厚生年金加入なら2つの遺族年金を受給可能！

遺族年金は、国民年金や厚生年金の加入者（または加入者だった人）が亡くなったとき、左ページの表の受給要件を満たしていた場合、故人に生計を維持されていた遺族に支給されます。国民年金加入者の遺族には遺族基礎年金、厚生年金加入者の遺族には遺族厚生年金が支給されます（厚生年金の場合、両方支給されることもある）。

遺族基礎年金は、子供がいる配偶者か子供に支給されます。年金額は2023年度から二通りになり、67歳以下の人は年額79万5000円、68歳以上の人は年額79万2600円で、子供の人数に応じた加算もあります。ただし、18歳未満など一定要件（Q25参照）の子供がいないと受給できないので、高齢者が受給できることは極めてまれでしょう。例外的に受給できるケースとして、連れ子再婚などで、死亡前に養子縁組をすませた実子ではない子供がいるような場合が考えられます。

遺族厚生年金では、厚生年金に加入していた人が亡くなったとき、故人が受け取る予定だった老齢厚生年金（報酬比例部分）の4分の3が支給されます。遺族基礎年金よりも広い範囲の人（Q25参照）が受給できます。

さらに、夫を亡くした40歳以上の妻は、一定要件を満たせば、遺族厚生年金のほかに中高齢寡婦加算59万6300円（2023年度価額）を65歳まで受けられます。妻が65歳になる前に特別支給の老齢厚生年金（特老厚）を受給した場合は、特老厚と夫の遺族厚生年金の年金額を比べ、どちらか多いほうを選ぶことになります。

65歳以降は、妻自身の老齢基礎年金と老齢厚生年金を全額受給します。そのうえで、妻の老齢厚生年金よりも本来もらうべき夫の遺族厚生年金の年金額のほうが多ければ、その差額を遺族厚生年金として受給します。

なお、遺族厚生年金を受けている1956年4月1日以前生まれの妻が65歳になると、先述の中高齢寡婦加算は経過的寡婦加算（生年月日により減額）に変わります。

遺族年金の受給要件と受給額

遺族基礎年金	**受給要件**（死亡者の年金歴で判断する）	◉ 国民年金の被保険者または老齢基礎年金の受給資格期間が25年以上ある人が死亡。 ◉ 上記で受給資格期間が25年未満の場合は、保険料納付期間が加入期間の2/3以上ある。または被保険者の死亡時点から前々月までの１年間のうち保険料の未納がない。
遺族基礎年金	**受給額**	◉ 79万5,000円（2023年度・67歳以下）＋子供の加算額（人数分を加算） ※子供は２人まで１人につき22万8,700円加算、子供が３人以上の場合、３人目から１人につき７万6,200円加算。
遺族厚生年金	**受給要件**（死亡者の年金歴で判断する）	◉ 老齢厚生年金被保険者または被保険者期間中の傷病がもとで初診日から５年以内に死亡した。 ◉ 上記で受給資格期間が25年未満の場合は、保険料納付期間が加入期間の2/3以上ある。または被保険者の死亡時点から前々月までの１年間のうち保険料の未納がない。 ◉ 老齢厚生年金を含む受給資格期間が25年以上ある人が死亡した。 ◉ 障害厚生年金（１級・２級）を受けられる人が死亡した。
遺族厚生年金	**受給額**	◉ 亡くなった人が本来受け取る予定だった厚生年金の３/４。 ※厚生年金加入中の死亡の場合、死亡者の老齢厚生年金額は加入期間が300ヵ月（25年）未満のときは、300ヵ月で計算。

※遺族基礎年金の受給期間は、子供が18歳（年度末）になるまで。遺族厚生年金の受給期間は、妻の場合は一生涯（30歳未満で子供がいない場合は５年間）、子供・孫は18歳（年度末）になるまで、夫・父母・祖父母の場合は60歳から一生涯（老齢厚生年金との調整あり）。

 ※出典：日本年金機構「遺族年金ガイド（2022年度版）」をもとに作成。

Q27 年金を遅くもらう「繰下げ受給」をした後に死亡すると遺族年金は増額されますか？

A 繰下げ受給後に遺族年金は支給されるが増額はなく、65歳受給の年金をもとに計算される。

遺族年金には遺族基礎年金と遺族厚生年金があり、このうち年金暮らしをしている人が支給の対象となるのは、主に遺族厚生年金のほうです。

老齢厚生年金の繰下げ受給をしていた人（受給権者）が亡くなっても繰下げによる増額分は計算されず、遺族厚生年金の支給額は本来の額（65歳時点の老齢厚生年金額）をもとに計算されます。これは、繰上げ受給の場合の減額分についても同じです。

遺族の繰下げ受給が面倒になることがある

ところで、遺族年金を受給する遺族は、自分が繰下げ受給をするときに制約を受けることがあります。

まず、66歳を迎える前に遺族年金の受給権を得た場合、老齢基礎年金や老齢厚生年金の繰下げ受給ができなくなります。

次に、66歳を迎えた後に遺族年金の受給権を得た場合、繰下げ受給の増額率はその時点で固定されます。そして、繰下げ受給による増額された年金を受給するか、過去分の年金を一括して受給（本来請求）するか、いずれかを選択することになります。

なお、年金の受給権は5年以上前の分は時効により消滅します。そのため、70歳を超える繰下げ待機の人が本来請求をした場合、時効で受け取れない年金が生じることが問題となりました。そこで、本来請求を行った日の5年前に繰下げ請求があったものと見なし、増額された年金を受け取れる「5年前繰下げみなし増額制度」が2023年4月1日から導入されました。同制度の対象者は、1952年4月2日以降に生まれた人、老齢年金の受給権が2017年4月1日以降に発生した人です。

5年前繰下げみなし増額制度は、年金を受給する本人しか利用できず、本人が死亡した後、未支給年金を請求する人（家族など）には適用されません。

第4章

将来に受け取る年金の増やし方についての疑問11

回答者

▶Q28～38◀

河内社会保険労務士事務所所長
特定社会保険労務士
河内（かわうち）よしい

年金受給前の年金暮らし予備群なら年金はラクラク増え、最高84%アップも可能！

さらに
65歳以降も
働きつづければ
年金を遅くもらう
「繰下げ受給」も
できる
受給を1ヵ月
遅らせるごとに
年金が0・7%ずつ
増える
年金の増額率
70歳から受け取ると42%
75歳から受け取ると84%
ただし
70歳で繰下げ受給を
する場合の
損益分岐年齢は
約82歳じゃ
それ以上
長生きしないと
いかんな
82
早く亡く
なったら
元も子も
ない
そう考えて
年金を65歳に
なる前にもらう
「繰上げ受給」を
する人も多い
受給を1ヵ月
早めるごとに
0・4%の
減額じゃ
1962年
4月1日
以前生まれ
の人なら
減額率は
0・5%
だがの
0.4%
iDeCoで
年金を増やす方法もある
一定額を自動的に
積み立てられ
年金として
受け取れるので
老後資金作りには
打ってつけじゃ
受給額は
資金の運用成績で
増減するので
多少リスクは
覚悟せねば
ならん
65歳まで
加入できる
わよ
あなたもOK!
iDeCo
ところで
会社を辞めたら
国民年金や基金に
加入して増やすって
いってたけど…
あなたっ
さっきから!!
まさか
辞めるんじゃ
ないで
しょうね?
まっ
万が一の
参考に…
ツーン
イデコ… いや
オデコ…

Q28 60歳以降も会社勤めを続ければ年金はどれくらい増えますか？

A 国民年金の加入は原則60歳までだが、厚生年金は60歳以降も加入でき年金額が大幅アップ！

公的年金は、20歳以上60歳未満のすべての人が加入する国民年金（1階部分）と、会社員や公務員が加入する厚生年金（2階部分）の2階建てになっています。

国民年金は、20歳から60歳になるまでの40年間（480ヵ月）、すべての期間で未納なく国民年金保険料を納めた場合（厚生年金の加入期間や第3号被保険者期間を含む）に、65歳から老齢基礎年金の満額である79万5000円（2023年度68歳未満の価額。68歳以上は79万2600円）が支給されます。ただし、20歳から60歳の間に保険料の未納期間や保険料の免除期間、または学生時代の納付特例期間があるような場合は、満額の老齢基礎年金を受給することはできません。

一方、**厚生年金は70歳になるまで加入できます。60歳以降も働きつづければ、納めた分の保険料が支給される年金にプラスされます。例えば、月給20万円（賞与なし）で、厚生年金に加入して65歳になるまで5年間働くと、年金は毎年約1万3000円ずつ増額し、年金額は年額でおおよそ6万5000円増えます。**

20歳から60歳になるまでに国民年金の保険料の未納期間がある人は、60歳以降も厚生年金に加入すれば、未納期間分の老齢基礎年金分が厚生年金に加算されます（「経過的加算」または「差額加算」という）。

仮に、未納期間を3年とすると保険料の未納金額は約59万円ですが、60歳以降も加入すれば、65歳から支給される年金は年額で約12万4000円の増額となります。65歳からの年金受給期間を20年間とすると約248万円の増額となり、支払った厚生年金保険料額を差し引いても2倍以上もお得になります。

同じ条件で65歳以降も70歳になるまで働きつづけた場合、70歳以降は年額で約18万9000円（1万3000円×10年間〈60～69歳〉＋差額加算約5万9000円）増えます。このように、大幅アップが期待できます。

Q29 60歳で退職すると国民年金が満額もらえません。どうすれば満額もらえますか？

A 国民年金の満額受給要件「40年加入」に満たない場合は60歳以降の任意加入で満額が可能に。

1991年3月末まで、学生であれば20歳を過ぎていても、国民年金への加入は義務ではなく任意でした。それまでは、大学に進学した場合には、就職してから年金保険料を払いはじめるという人が多かったのです。そのため、60歳の時点で加入期間が40年（480ヵ月）に満たない人も多くいます。

国民年金の未納期間がある人は、60歳以降も国民年金に「任意加入」することにより、老齢基礎年金を満額に近づけることができます。任意加入するには、下の表の5つの要件をすべて満たす必要があります。この5要件に加え、**❶年金の受給資格期間を満たしていない65歳以上70歳未満の人、❷外国に居住する日本人で、20歳以上65歳未満の人**も任意加入することができます。

国民年金に任意加入すると、国民年金の保険料を納付しますが、そのさいは、月額400円の保険料（付加保険料）を追加することをおすすめします。国民年金に付加年金（年金額は月額200円×付加保険料の納付月数）が上乗せして支給されるからです。1年間の付加保険料は400円×12ヵ月＝4800円、年金の増額は200円×12ヵ月＝2400円（2年で4800円）。つまり、付加年金は「2年で元が取れるお得な年金」です。

任意加入の手続きは60歳の誕生日の前日から市区町村役場の年金窓口で行うことができます。なお、国民年金の任意加入では、保険料の免除を受けることはできません。

国民年金に任意加入できる人の条件

- 日本国内に住所があり、60歳以上65歳未満の人
- 老齢基礎年金の繰上げ支給を受けていない人
- 保険料の納付月数が480ヵ月（40年）未満の人
- 厚生年金、共済組合などに加入していない人
- 日本国籍を有しない人で、在留資格が「特定活動（医療滞在または医療滞在者の付添人）や「特定活動（観光・保養等を目的とする長期滞在または長期滞在者の同行配偶者）」で滞在する人ではない人

Q30 高齢でも職探しをすれば「失業給付」や「再就職手当」がもらえますか？

A 64歳以下の人だけでなく、65歳以上も雇用保険に加入でき、さまざまな給付が受けられる。

失業給付を受給するには、雇用保険への加入が必要です。かつては、65歳以上で新たに就職した人は雇用保険に加入できませんでした。しかし現在では、年齢を問わず週20時間以上かつ31日以上の契約で働く人は加入することになっています。

また、複数の事業所に勤務する場合には、次の要件を満たす場合も加入することができます。

❶複数の事業所に雇用される65歳以上の人

❷2つの事業所（1つの事業所での1週間の所定労働時間が5時間以上20時間未満）の労働時間を合計して1週間の所定労働時間が20時間以上ある人

❸2つの事業所とも雇用見込みが31日以上ある人

❶～❸の要件を満たせば、ハローワークに申し出を行うことで、申し出を行った日から特例的に雇用保険に加入できます。これが、2022年1月から開始された**「マルチジョブホルダー制度」**です。

65歳以上の人が雇用保険に加入した場合、離職をしたさいに失業給付として「高年齢求職者給付金」を受給することができます。雇用保険の加入期間（被保険者期間）が1年以上の人は基本手当日額の50日分（6ヵ月以上1年未満の人は30日分）の給付が受けられます。

給付の基準となる基本手当日額は、離職日以前6ヵ月間の賃金をもとに計算され、要件が整えば何度でも受給できます。このほかにも、介護休業や教育訓練を行った場合の給付金などがあります。ただし、**65歳以上の雇用保険には、「再就職手当」の制度はありません。**

高年齢求職者給付金の計算

●基本手当日額

$$\left(\frac{\text{離職以前6ヵ月の賃金の合計}}{180}\right) \times 50 \sim 80\%$$

被保険者であった期間	1年未満	1年以上
高年齢求職者給付金の額	30日分	50日分

Q31 2022年から「iDeCo」は65歳まで加入が可能になったとは本当？ 加入すべきですか？

A 加入すれば節税しながら年金を増やせる。ただし年金の被保険者であることが条件の1つ。

iDeCo（個人型確定拠出年金）は、公的年金（国民年金・厚生年金保険）とは別に給付を受けられる私的年金の1つです。加入は任意で、申込みから掛け金の拠出や運用を自分で行い、掛け金とその運用益との合計額をもとに将来に給付金を受け取ることができるものです。公的年金と組み合わせることで、より豊かな老後生活を送るための一助になるといわれています。

かつては、iDeCoに加入できるのは「60歳になるまで」とされていましたが、2022年5月からは「65歳になるまで」に引き上げられました。ただし、加入できるのは、国民年金の任意加入者（国民年金の保険料の納付月数が480ヵ月に達するまで）**と、国民年金の第2号被保険者**（会社員・公務員など）**に限られており、すでにiDeCoの老齢給付金を受給した人や、老齢基礎年金または老齢厚生年金の繰上げ請求をした人は加入できません。**なお、iDeCoに加入すると、この掛け金に加えて国民年金保険料の負担も発生します。

リスクはすべて自己責任で負うことに！

iDeCoは長期運用が原則ですが、60歳で加入する場合は、国民年金の任意加入の期間が480ヵ月に達するまでの最長5年間となります。まずは、自分は国民年金にいつまで任意加入できるかを「ねんきん定期便」などで確認しておきましょう。

iDeCoは、掛け金や運用益が非課税になることや、受け取るときに退職所得控除や公的年金等控除の非課税枠があるなど、税制上のメリットがあります。特に拠出した掛け金の全額が所得控除の対象となるため、高い節税効果が魅力的といえます。

ただし、iDeCoの受給額は運用によって増減します。すべては自己責任で行うリスクを理解したうえで、加入するかどうかを判断しましょう。

Q32

2022年に「在職老齢年金」が改正され、在職中の年金が減額されなくなったとは本当？

A **支給停止基準額が48万円に改正され、多くの人は年金を全額受け取れるようになった。**

60歳以降も厚生年金に加入し、働きながら受け取る老齢厚生年金を**「在職老齢年金」**といいます。**総報酬月額相当額（ボーナスを含む平均月給）と年金月額の合計が48万円（支給停止基準額）を超えた場合、年金の一部または全額が支給停止されます。**

以前は、支給停止基準額は、65歳未満は月額28万円、65歳以降は月額47万円でした。ところが、60歳代前半の人の就労意欲を削ぐことから、2022年4月から、60歳以上の人は、年齢にかかわらず年金の基本月額と総報酬月額相当額の合計が47万円以下なら年金が全額支給されるようになりました。そして、2023年4月1日から、支給停止基準額は48万円に引き上げられています。

例えば、年金月額10万円、総報酬月額相当額26万円の65歳未満の人の場合、以前は、10万円＋26万円＝36万円から支給停止基準額の28万円を差し引いた額（8万円）の半分に当たる4万円の年金が停止されていました。しかし、**今では支給停止基準額が48万円以下なので、多くの場合、年金は全額支給されます。**

ただし、雇用保険から高年齢雇用継続給付を受けられる人については、在職老齢年金だけでなく、「高年齢雇用継続基本給付金」などとの調整によって年金が減額される場合があるため注意が必要です（Q33参照）。

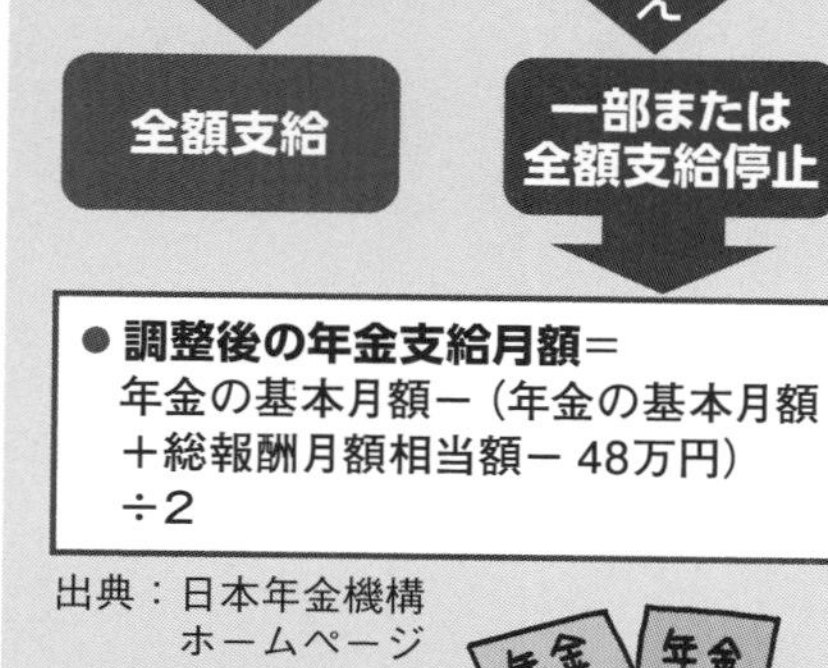

出典：日本年金機構ホームページより加筆

Q33 「高年齢雇用継続給付」を受給すると年金が支給停止になるって本当？

A 支給停止の対象になる年金は65歳前支給の特老厚。65歳支給の年金の受給なら支給される。

60歳の定年後以降に企業に再雇用された場合、現役時代よりも給料が大幅に下がる人が多いことでしょう。

その減額された分をカバーするための国の制度として、雇用保険の「高年齢雇用継続給付」があります。雇用保険の被保険者期間が5年以上ある60歳以上65歳未満の雇用保険の被保険者のうち、賃金額が60歳到達時の75％未満となった人を対象に、最高で新しい賃金額の15％に相当する額が支給されます。

高年齢雇用継続給付には、**❶定年退職後も継続して働きつづけた場合に支給される「高年齢雇用継続基本給付金」**（65歳になるまで支給）、**❷定年退職後に失業給付を受け、支給日数を100日以上残して再就職した場合に支給される「高年齢再就職給付金」の2種類があります。**

高年齢再就職給付金は、失業給付の残日数が100日以上200日未満の場合は再就職の翌日から1年、200日以上の場合は再就職の翌日から2年支給されます。

なお、すでに再就職手当を受給している人は、高年齢雇用継続給付を受けることができません。また、**65歳になる前に支給される特老厚（特別支給の老齢厚生年金）を受給しながら高年齢雇用継続給付を受ける場合は、年金の全部または一部が支給停止されます。**支給停止される年金は、最高で給料（標準報酬月額）の6％に相当する額です。

高年齢雇用継続給付は2種類

高年齢雇用継続基本給付金	高年齢再就職給付金
失業給付を受給せず継続雇用で働く人がもらえる	失業給付を受給し、再就職した人※
65歳になる月まで支給	65歳になる月までを期限に1年または2年支給

※失業給付の支給日数が100日以上あることが条件。1年支給は残日数が100日以上200日未満、2年支給は残日数が200日以上が必要。

Q34 もうすぐ年金を受給しますが、私の受給額が平均受給額に比べて少ないのはなぜ？

A **離転職で年金保険料を納めなかった、納付免除や納付猶予を受けたなど、原因は多種多様。**

毎年誕生月に、自分の年金記録が記載された「ねんきん定期便」が届きます。50歳以上になると、60歳まで年金に加入した場合に受け取れる年金の受給見込み額も記載されていますが、この金額を見て、「思っていたより少ない」と感じる人が多いようです。

厚生労働省の「令和3年度 厚生年金保険・国民年金事業の概況」によると、65歳での老齢基礎年金と老齢厚生年金を合わせた支給月額の平均は、男性が16・9万円、女性は10・9万円です。また、老齢基礎年金のみの場合は、男女の平均月額が5・6万円です。

老齢基礎年金は、20～60歳になるまでの40年間保険料を納めた場合には満額（68歳未満は79万5000円、68歳以上は79万2600円。2023年度価額）が支給されます。**保険料の未納期間があったり、学生納付特例などを利用して保険料を納めていない期間があったりすると、老齢基礎年金の受給額は満額より低くなります。**

離転職を繰り返すと年金額が減りかねない

一方、厚生年金保険は加入した期間と、その間の給与や賞与の額によって年金額が変わります。給与や賞与の高い会社で長期間働けば、結果として平均より高い額の年金を受け取ることができます。

ただし、年金額を計算するときの月額給与や賞与には上限額が設けられています。月額給与の上限は65万円、賞与の上限は、1回当たり150万円です。**一般的に離職や転職を繰り返すと、給料や賞与額が減り、結果として年金額も少なくなりかねません。**

なお、厚生年金基金に加入していた場合、代行部分（報酬比例部分）については、ねんきん定期便に記載されるようになりました。しかし、この年金の請求手続きは厚生年金基金や企業年金連合会で行うことになるので、忘れずに申請するようにしましょう。

Q35 年金は60歳から「繰上げ受給」する予定です。減額率が下がり有利になったとは本当？

A 以前は受給を1ヵ月早めるごとに0・5%の減額だったが、0・4%の減額に改正された。

老齢基礎年金や老齢厚生年金の受給は、原則65歳から始まります。ところが、受給を60～64歳に早める「繰上げ受給」をしたり、66～75歳に遅らせる「繰下げ受給」をしたりすることができます。繰上げ受給をすると年金額が減額され、繰下げ受給をすると年金額が増額されることになります。

繰上げ受給による減額率は、1962年4月1日以前生まれの人は1ヵ月当たり0・5%で、60歳で受給すると30%の減額でした。これが2022年4月の改正により、1962年4月2日以降生まれの人は1ヵ月当たり0・4%の減額（0・1%の軽減）、60歳で受給すると24%の減額（6%の軽減）となりました。

老齢基礎年金は満額で月額6万6250円（2023年度）なので、30%減額となる人は4万6375円の年金を受給できますが、改正により24%の減額率に該当する人の受給額は5万350円に増額します。

また、男性は1953年4月2日から1961年4月1日生まれ、女性は1958年4月2日から1966年4月1日生まれの人は61歳から64歳の間に老齢厚生年金の報酬比例部分が支給されることがあります。この支給開始年齢より前に年金の請求（繰上げ請求）をする場合、原則として65歳支給の老齢基礎年金と老齢厚生年金を同時に繰り上げることとなり、両方とも減額されます。なお、65歳前に支給される報酬比例部分のみを繰上げ請求することはできません（Q36参照）。

繰上げ請求の減額率

請求時の年齢	1962年4月2日以後生まれ	1962年4月1日以前生まれ
減額率	0.4%／月	0.5%／月
60歳	24.0 ～ 19.6%	30.0 ～ 24.5%
61歳	19.2 ～ 14.8%	24.0 ～ 18.5%
62歳	14.4 ～ 10.0%	18.0 ～ 12.5%
63歳	9.6 ～ 5.2%	12.0 ～ 6.5%
64歳	4.8 ～ 0.4%	6.0 ～ 0.5%

年金の繰上げ受給とは

●繰上げ受給のイメージ①

例 報酬比例部分を受け取れる人の場合
（男 1953年４月２日〜 1961年４月１日生まれ）
（女 1958年４月２日〜 1966年４月１日生まれ）

▼繰上げ請求（60〜64歳）　▼65歳

報酬比例部分

老齢厚生年金　本来もらえる年金額

老齢基礎年金　本来もらえる年金額

▼60〜64歳

繰上げによる減額

報酬比例部分・繰上げ受給の老齢厚生年金

繰上げ受給の老齢基礎年金

繰上げによる減額

- 報酬比例部分と老齢基礎年金は、原則としてセットで繰り上げなければならない。
- 報酬比例部分を受け取れる年齢（支給開始年齢）によって、報酬比例部分の減額率と老齢基礎年金の減額率が異なることがある。
- 報酬比例分を受け取れる年齢になった後は、老齢基礎年金だけの繰上げとなる。

●繰上げ受給のイメージ②

例 報酬比例部分を受け取れない人の場合
（男 1961年4月2日以降後生まれ：女 1966年4月2日以降生まれ）

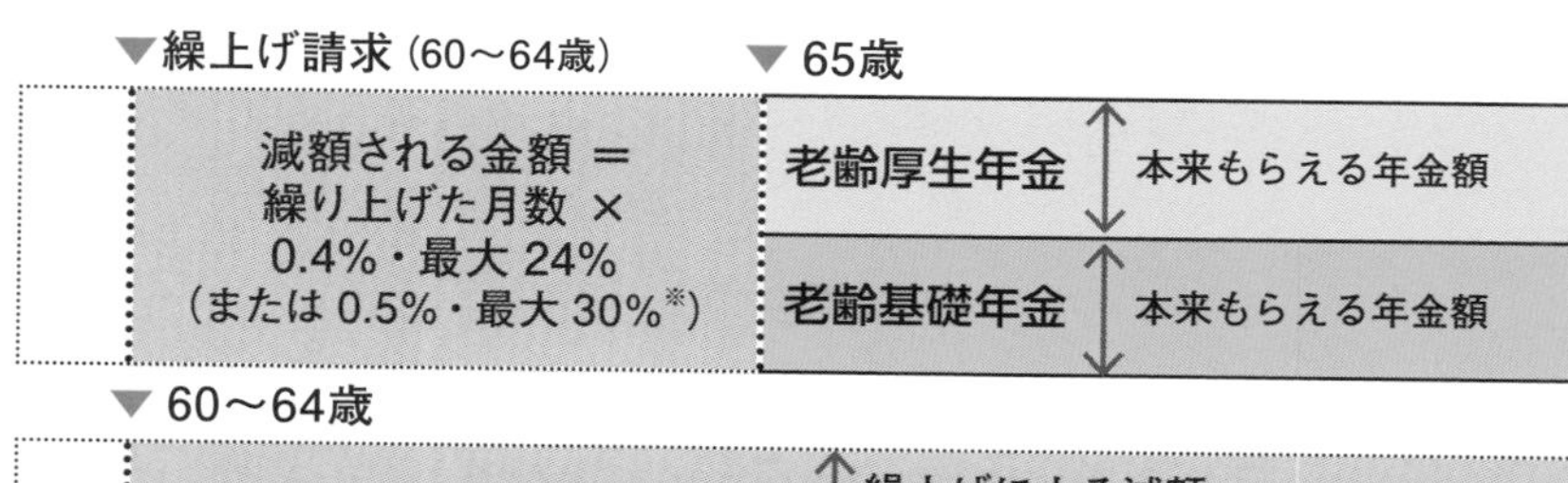

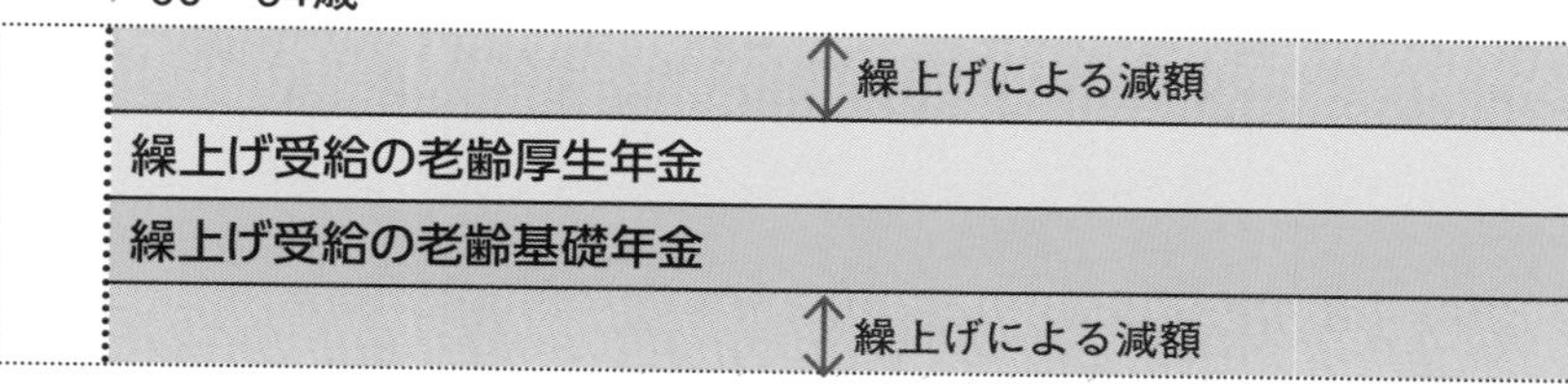

※：2022年４月から、1962年４月２日以後生まれの人の繰上げ減額率は0.5%から 0.4%に引き下げられた。

Q36 年金が多少減ってもいいので繰上げ受給を考えています。注意点はありますか？

A 繰上げ受給をすると年金を早くもらえるが、年金が減額され、この減額は一生続く。

繰上げ受給にはメリットがある（Q35参照）反面、デメリットもあります。繰上げ受給による最大のデメリットは、減額が一生続くということです。いったん繰上げ受給を選択したら、取り消すことはできません。

例えば、60歳時点で繰上げ受給を行ったとします。この場合、1962年4月1日以前生まれの人の減額率は30％となり、76歳8ヵ月の時点で、それまで受給した年金の総額と本来支給される年金額がほぼ同額になります。1962年4月2日以後生まれの人の減額率は24％となり、80歳10ヵ月の時点でほぼ同額になります。

つまり、この年齢よりも早く亡くなったときは受け取っている年金額が多くなりお得ですが、これより長生きすると逆に損をすることになってしまうのです。安易に「早めにもらったほうが得だろう」などと考えてはいけません。

障害年金などが支給されなくなる

繰上げ受給をすると、65歳前に遺族年金などの権利が発生しても、両方の年金を受け取ることはできません。遺族年金か、繰上げ受給で減額された老齢年金か、どちらか1つを選択して受給します。

加えて、繰上げ受給を請求（繰上げ請求）した日以後は、国民年金の寡婦（かふ）年金（夫を亡くした妻が60歳から65歳になるまで支給される年金）は支給されません。

また、繰上げ請求をした日以後は、事故などでケガをして重い障害が残ったり、がんになったりしても、障害年金を請求することができません。体調不良により治療中の病気や持病がある人は注意が必要です。

さらに、老齢年金を繰上げ請求すると、過去の保険料の未納期間を埋めるための国民年金の任意加入や、免除期間などにかかる保険料の追納ができなくなってしまいます。

年金は66歳以降に受け取る「繰下げ受給」が得と聞きました。増額率は何%ですか？

繰下げ受給を行ったことによる年金の繰下げ加算額は、繰下げ請求をした日の月単位の年齢によって決まります。請求を1ヵ月遅らせることにより0・7%ずつ増え、66歳時請求では8・4%、75歳時請求では最大84%まで増えます。

A 受給を1ヵ月遅らせるごとに年金は0・7%ずつ増える。75歳で受給すると84%も増額！

Ｑ35～36では、年金を65歳よりも前に受給する「繰上げ受給」について述べましたが、ここでは65歳よりも後に受給する**「繰下げ受給」**について説明します。

繰下げ受給とは、65歳支給開始の年金の請求を１年（12ヵ月）以上遅らせること。この繰下げ請求は、66歳から75歳（１９５２年４月１日以前生まれの人は70歳）になるまでの間に１ヵ月単位で請求することができます。

繰下げ請求をした翌月から増額された年金を受け取ることができ、この増額分（繰下げ加算額）は生涯にわたって加算されつづけます。

繰下げ受給では、老齢基礎年金と老齢厚生年金を同時に請求したり、それぞれ受給開始時期を変えたりすることもできます。例えば、老齢基礎年金は68歳２ヵ月から受給し、老齢厚生年金は72歳１ヵ月から受給するといったことが可能です。

具体的には、例えば、２０２３年度の老齢基礎年金の年金額（40年加入の満額、68歳以上）は年額79万２６００円（月額６万６０５０円）ですが、70歳から受給すると42%増えて年額１１２万５４９２円（月額９万３７９１円）となります。75歳から受給する場合は、年額１４５万８３８４円（月額12万１５３２円）となります。

繰下げ受給をすると年金が一生増額する

65歳以降も在職し、在職老齢年金により年金の一部が停止となっている人については、この停止分を除いた額が繰下げ加算額の対象となります。繰下げ加算額を計算するさいには、在職老齢年金の平均支給率を算出して行われます。ただし、65歳以降の厚生年金の加入期間にかかる年金額は、この加算の対象とはなりません。

厚生労働省「2021年簡易生命表」によると、現在65歳の人の平均余命は、男性が19・85年（約85歳）、女性は24・73年（約90歳）です。また、100歳以上の人口は9万人を超え、年々増加しています。

繰下げ受給により増額した年金は一生受け取ることができるため、リタイア後の生活の安定を得る保険の役割を果たしてくれるでしょう。自分は長生きするだろうと思う人は、受給開始を75歳まで繰り下げることも選択肢の1つといえます。

では、いったい何歳まで繰り下げれば65歳から受給した場合の総額を上回るでしょうか。

70歳まで受給を繰り下げた場合は81歳11ヵ月、75歳まで繰り下げた場合は86歳11ヵ月が損益分岐点（65歳から受給したときとほぼ同額）となります。つまり、この年齢を超えて長生きするほど、受給する年金額は増えてお得といえます。

繰下げ受給の増額率

● 繰下げ待機中に在職する場合の増額の仕組み　（数字は％）

	0ヵ月	1ヵ月	2ヵ月	3ヵ月	4ヵ月	5ヵ月	6ヵ月	7ヵ月	8ヵ月	9ヵ月	10ヵ月	11ヵ月
65歳	100	100	100	100	100	100	100	100	100	100	100	100
66歳	108.4	109.1	109.8	110.5	111.2	111.9	112.6	113.3	114	114.7	115.4	116.1
67歳	116.8	117.5	118.2	118.9	119.6	120.3	121	121.7	122.4	123.1	123.8	124.5
68歳	125.2	125.9	126.6	127..3	128	128.7	129.4	130.1	130.8	131.5	132.2	132.9
69歳	133.6	134.3	135	135.7	136.4	137.1	137.8	138.5	139.2	139.9	140.6	141.3
70歳	142	142.7	143.4	144.1	144.8	145.5	146.2	146.9	147.6	148.3	149	149.7
71歳	150.4	151.1	151.8	152.5	153.2	153.9	154.6	155.3	156	156.7	157.4	158.1
72歳	158.8	159.5	160.2	160.9	161.6	162.3	163	163.7	164.4	165.1	165.8	166.5
73歳	167.2	167.9	168.6	169.3	170	170.7	171.4	172.1	172.8	173.5	174.2	174.9
74歳	175.6	176.3	177	177.7	178.4	179.1	179.8	180.5	181.2	181.9	182.6	183.3
75歳	184	184	184	184	184	184	184	184	184	184	184	184

● 繰下げ待機中に在職している場合の増額率について
繰下げ待機中の在職により支給停止される額は、繰下げ加算額の対象になりません。

◆ 65歳以降も引き続き被保険者であった人の事例

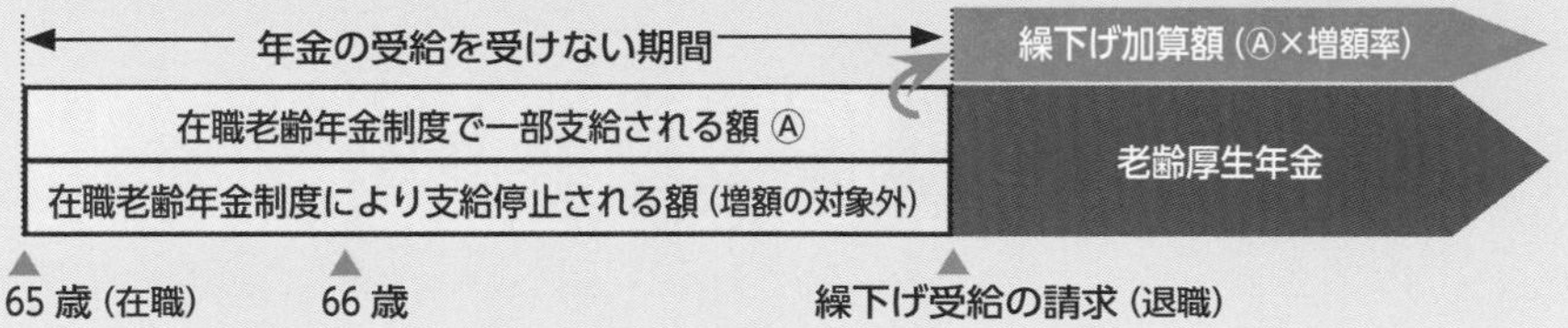

※出典：日本年金機構「老齢年金ガイド（2022年度版）」。

Q38 繰下げ受給をすると損することがあると聞きました。どんなことに注意が必要？

A 早く死亡すると総受給額は少なくなる、遺族年金は増額されないなどのデメリットもある。

繰下げ受給は、元気で長生きする人にはメリット大ですが、いくつか注意しなければならない点があります。Q37でも述べましたが、繰下げ受給の損益分岐点は70歳まで繰り下げた場合は81歳11ヵ月、75歳まで繰り下げた場合は86歳11ヵ月です。したがって、この年齢よりも若くして亡くなった場合には、65歳から受給した場合の年金総額を下回ってしまいます。

また、**老齢厚生年金に加給年金（年金に対し扶養手当のように加算されるもの）がつく場合、繰下げ請求しても加給年金は増額されず、繰下げ受給を行うまでの期間（繰下げ待機中）、加給年金は支給されません**（加給年金額はおおよそ39万円）。75歳まで繰下げをした人と、繰下げをせずに加給年金が支給された人の差額は約390万円となり、その分はデメリットといえます。これは、振替加算（配偶者が65歳になると加給年金の代わりに加算される年金）についても同様です。

遺族年金は増額なしの年金をもとに計算

老齢基礎年金を繰下げ受給する場合には、繰下げ待機中、年金が少ない人に給付される「年金生活者支援給付金」も支給されません。繰下げ加算額（Q37参照）によって医療保険や介護保険の自己負担割合や保険料・税金が増えることも考えられます。

さらに、**繰下げ待機中に本人が亡くなった場合、遺族厚生年金は繰下げ受給による増額なしの年金額を基準に計算されます。**また、死亡によって未支給年金（本人に支給されない年金）が発生すると、死亡時以前の増額なしの年金が一括して未支給年金として遺族に支払われますが、未支給年金を請求した時点から5年以上前の年金は時効により受け取れなくなってしまいます。特に本人が70歳以降で繰下げ待機中に亡くなった場合、この時効の取扱いが関係してくるので注意が必要です。

第5章

年金以外の社会保険の給付や税金についての疑問16

回答者

▶ Q39～49 ◀

社会保険労務士法人 FOUR HEARTS 代表社員
特定社会保険労務士
旭 邦篤（あさひ くにあつ）

▶ Q50～54 ◀

山本宏税理士事務所所長　税理士
山本 宏（やまもと ひろし）

山本文枝税理士事務所所長　税理士
山本文枝（やまもと ふみえ）

年金暮らしには健康保険などの社会保険選びも重要で、要件を満たせば給付金がもらえる！

会社に継続雇用の希望を出すべきだよ 希望しないで辞めると失業給付が大幅に減らされるそうだよ
う〜ん
ただし失業給付を受けるには65歳の誕生日の2日前までに退職する必要があるがのぉ
65歳以降に辞めるとなんの保障もないの？
いや働く意思と能力さえあれば高年齢求職者給付金という一時金が支給される
65歳以降も会社で働く人には雇用保険の給付はないの？
あるぞ！介護休業給付や教育訓練給付が受けられる
じゃあもしも私が要介護になったら……
ご主人は介護休業給付が受けられ介護に専念できるぞ
継続雇用を希望しなよ父さん
わかったでもダメだったときは……
夫婦でお前の被扶養者になるよ
いい銀婚式になったわ
ブーッ
ただし所得が130万円（60歳以上は180万円）以上ありかつ加入者の所得の半分以上なら扶養の対象外じゃ
念のため

Q39 定年退職後は年金で暮らします。健康保険は「国保」「任意継続」のどちらが有利？

A 扶養家族がいる場合は一般的に任意継続が有利だが、国保のほうが有利になる人もいる。

在職中の保険料は会社と折半ですが、退職後は全額自己負担です。**保険料は2倍になります。そのため、「任意継続」を選択する場合、保険料の上限が30万円（2023年1月現在）に設定されています**（健康保険組合もそれぞれ上限あり）。退職時の保険料をあらかじめ確認しておきましょう。

一方、**「国民健康保険」の場合、保険料は前年（1月～12月）の所得をもとに算定されるので、前年の所得が高かった人は一時的に保険料負担が増加します。**

さらに、国民健康保険には「被保険者」「被扶養者」の区別がないので、家族全員が国民健康保険に加入して被保険者となり、世帯としてみると保険料の負担が増えることがあります。そのため、退職時に給与が高かった人や被扶養者となる家族が多い人は、任意継続を選ぶほうが一般的には有利とされています。

事前に市区町村役場の窓口で保険料を確認して、どちらが有利になるかを検討しましょう。

定年退職後に加入できる主な健康保険

	任意継続	国民健康保険
保険料	退職前の標準報酬月額に基づき原則2年間変わらない。労使折半だった保険料は全額負担（上限あり）	前年の所得によって変わり、算定方法は市区町村によって異なる
加入要件	退職日までに継続して2ヵ月以上の被保険者期間があること	他の健康保険に加入していないこと
手続きの期限	退職日の翌日から20日以内	退職日の翌日から14日以内
届け出先	住所地の協会けんぽ、または加入していた健康保険組合	住所地の市区町村役場の窓口
加入できる期間	退職日の翌日から2年間（75歳未満）	75歳未満

※ 75歳以降は後期高齢者医療制度に加入。

Q40 会社で働く子供の「被扶養者」になれば健康保険料は不要になりますが、適用条件は何？

A 被扶養者に生計を維持されていることが必要。同居・別居によって年収の基準も異なる。

家族の健康保険で被扶養者（扶養される人）になることができれば、保険料を自分で負担しなくてすみます。そのためには条件が2つあります。

❶扶養者（75歳未満）に生計維持されていること

60歳以上の被扶養者で、扶養者（被保険者）と同居している場合、年収（今後の見込み額。年金や失業給付などを含む）が１８０万円未満で、扶養者の年収の2分の１未満でなくてはなりません。扶養者と別居している場合は、年収が１８０万円未満で、扶養者からの仕送り額より少ないことが要件となります。

❷扶養者の三親等以内の親族であること

扶養者の父母・祖父母などの直系尊属、配偶者（事実婚を含む）、子、孫、兄弟姉妹は同一世帯の要件はありません。扶養者の配偶者の父母や子などの三親等以内の親族は同一世帯の要件があります。

なお、**被扶養者になるためには「被扶養者（異動）届」を被扶養者になった日から5日以内に、家族の勤務先の健康保険（協会けんぽまたは健康保険組合）に提出する必要があります。**そのさい、どのような書類が必要となるのか、あらかじめ確認しておきましょう。

被扶養者になるための条件

続柄	生計維持関係	同一世帯要件
直系尊属（父母、祖父母、曾祖父母、養父母等）	必要	なし
配偶者（内縁関係を含む）		
子（実子、養子）		
孫、兄弟姉妹		
三親等内の親族（曽祖父、ひ孫、おじ・おば、甥・姪）		あり
内縁関係の人の父母、子供		

Q41 年金受給中に長期入院すれば健康保険の「傷病手当金」は支給されますか？

A 在職と退職後で年金との併給調整が異なる。退職後は原則、傷病手当金は支給されない。

「傷病手当金」とは、病気やケガで会社を休み、十分な報酬が受けられないなどの場合に健康保険から支給される健康保険の制度です（原則として国民健康保険にはない制度）。

年金受給中に健康保険に加入していても、在職中と退職後では支給に違いがあります。**在職中は、傷病手当金と在職老齢年金の調整はないため両方支給されますが、退職後は原則として傷病手当金は支給されません。**ただし、老齢年金等の額の360分の1が傷病手当金日額より低い場合、その差額が支給されます。

傷病手当金の支給要件

○ 支給要件

病気やケガで仕事を休んだ日から連続3日間（待期）の後、4日目以降の休んだ日に対して支給。

※待期には有給休暇、土日・祝日などを含む。

※休業中に支払われた給与が傷病手当金の額よりも多い場合は不支給。

※任意継続被保険者である期間中に発生した病気やケガについては不支給。

○ 支給期間

支給開始日から通算1年6ヵ月（2022年1月1日以降）

※退職日（資格喪失日の前日）まで被保険者期間が継続して1年以上あり、被保険者資格喪失日の前日に、傷病手当金を受けている（受けられる状態）場合、資格喪失後も引き続き支給を受けられる。

○ 支給額

支給開始日以前12ヵ月間の標準報酬月額の平均÷30日×2/3（おおよそ休業前1年間の平均給与月額の2/3）

○ 支給調整 ※③は退職後

❶同じ病気やケガで障害厚生年金を受けている場合

➡傷病手当金は不支給。ただし、障害厚生年金の額（同一事由の障害基礎年金が支給されるときはその合計額）の360分の1が傷病手当金の日額より少ない場合、差額が支給される。

❷障害手当金を受けている場合

➡傷病手当金の合計額が障害手当金の額に達するまで不支給。

❸退職後に老齢年金等を受ける場合

➡退職後に傷病手当金を継続して受給していて、老齢年金などを受ける場合、傷病手当金は不支給。ただし、老齢年金などの360分の1が傷病手当金日額より低い場合、差額が支給される。

Q42 健康保険は75歳から「後期高齢者医療制度」に移行しますが、手続きは必要ですか？

A 自動的に移行するため原則、手続き不要。ただし、扶養家族は国保などへの加入が必要に！

「後期高齢者医療制度」は、75歳以上のすべての人（一定の障害がある場合は65歳以上）が加入する制度です。75歳になると、それまで加入していた医療保険制度（健康保険、国民健康保険、共済組合など）から、自動的に後期高齢者医療制度の加入者（被保険者）となります。**75歳を迎える人には誕生日までに保険証が送付されてくるので、自分で手続きをする必要はありません**（一定の障害がある65歳以上の人は加入手続きが必要）。

ただし、75歳になった人の扶養家族は、扶養から外れることになるので、国民健康保険に加入する、健康保険に加入しているほかの家族に扶養される、といった方法があります。この場合には手続きが必要です。

Q43 65歳前支給の「特老厚」受給中に失業して求職活動すると特老厚の支給は停止するって本当？

A 特老厚は雇用保険と併給調整されるため失業給付を受ける間、特老厚は支給停止される。

特老厚とは**「特別支給の老齢厚生年金」**の略。公的年金と雇用保険は同じ社会保険なので、65歳前に特老厚を受給している人は、失業給付（基本手当）との併給調整により、原則として同時に受け取ることはできません。**失業給付を受けている間は、65歳前の特老厚の支給は停止されます。**支給停止の期間は、ハローワークへ求職の申込みをした日の属する月の翌月から、原則として失業給付を受け終わった所定給付日数の最終日の属する月までとなります。

一方、**65歳以降に求職活動を行う場合には、失業給付に相当する「高年齢求職者給付金」が支給され、同時に老齢厚生年金も支給されます（併給調整されない）。**

Q44 65歳以降も働くと年金に加え雇用保険の「高年齢雇用継続基本給付金」はもらえますか？

A この給付金の支給は60歳から65歳まで。残念ながら65歳以降は支給されない。

「高年齢雇用継続基本給付金」は、雇用保険に5年以上加入した60歳以上65歳未満の人が、原則として60歳に到達した時点の賃金に比べて75％未満に低下したなどの条件を満たしている場合に受給できます。

高年齢雇用継続給付は2種類あります。60歳到達後に失業給付（基本手当）を受けずに継続して働いている人には「高年齢雇用継続基本給付金」が60歳から65歳に達する月までの間で支給され、失業給付を受けて再就職した人は「高年齢再就職給付金」が支給されます（支給期間は再就職日前日の失業給付の支給残日数により異なる）。

また、特老厚（特別支給の老齢厚生年金）の支給を受けながら高年齢雇用継続基本給付金を受ける場合は、年金の一部が支給停止されます（支給停止される年金額は最高で賃金〈標準報酬月額〉の6％に当たる額）。

なお、高年齢雇用継続給付は２０２５年度に60歳に到達する人から給付率が縮小し、その後、段階的に廃止される方針が示されています。

高年齢雇用継続基本給付金とは

支給条件	●雇用保険の加入者（被保険者）で60歳以上65歳未満 ●被保険者であった期間が５年以上 ●60歳到達時の賃金と比べて60歳以降の賃金が75％未満に低下 ●再就職手当を受給していない
支給期間	● 60歳に到達した月から65歳に達する月まで ※各暦月（支給対象月）の初日から末日まで被保険者であることが必要。
支給額	●60歳以上65歳未満の各月の賃金が60歳時点の賃金の61％以下に低下した場合 →各月の賃金の15％相当額 ●60歳時点の賃金の61％超75％未満に低下した場合 → 60歳以後の各月の賃金の15％を上限に賃金の低下率によって支給額が減額

Q45 65歳以上の年金生活者は会社で働くと雇用保険の「お得な制度」を利用できるって本当？

A 本当。65歳以上の人も雇用保険に加入することができ、3つのお得な制度を利用できる。

2017年1月の雇用保険制度の改正により、65歳以上の人も加入要件を満たせば雇用保険に加入できるようになりました。被保険者の種類も65歳になると、一般被保険者から高年齢被保険者に変わることになります。

失業給付（基本手当）や技能習得手当などは、一般被保険者が離職した場合に受給可能となるもので、高年齢被保険者は利用することができません。

ただし、**高年齢被保険者の場合、3つのお得な制度があります。失業給付に相当する❶高年齢求職者給付金のほか、❷介護休業給付、❸教育訓練給付です。**一定の要件を満たせば、一般被保険者と同じく利用することができます。

Q46 65歳以上の人が利用できる雇用保険のお得な制度にはどんなものがありますか？

A 具体的には高年齢求職者給付金、介護休業給付、教育訓練給付の3つがある。

65歳以上の高年齢被保険者が利用できる雇用保険の制度には、「**高年齢求職者給付金**」のほか、一般被保険者と同じく「**介護休業給付**」「**教育訓練給付**」の3つがあります。具体的に、説明しましょう。

❶高年齢求職者給付金

65歳以上の高年齢被保険者が離職して「失業の状態」にあるときに支給される給付金です。この給付金を受けるには、ハローワークでの手続きが必要です。

❷介護休業給付

配偶者や父母、子供などの対象家族を介護するために休業した被保険者の介護休業期間中の賃金が、休業開始前の賃金と比べて80％未満に低下した場合に支給されます（休業開始前の賃金と比べて13％未満に低下した場合、およそ休業開始前の賃金の最大67％）。同一家族の要介護状態によって最大3回、通算93日分まで支給されます。

介護休業給付金を受給するには、介護休業開始前2年間に被保険者期間が原則として12ヵ月以上あること。また、被保険者が期間雇用者（期間を定めて雇用される人）の場合、介護休業開始予定日から93日が経過する日から6ヵ月経過する日までに労働契約終了が決まっていないことも必要です。そのほか、介護休業開始日から1ヵ月ごとの期間（支給単位期間）中に働いた日数が10日を超えると、その間は支給対象とならないなど注意点がいくつかあるので、事前に確認しておきましょう。

資格や技能取得の費用の一部を給付

❸教育訓練給付

働く人の能力開発の取組みを支援し、雇用の安定と再就職の促進を図るための給付で、厚生労働大臣の指定する講座を受講し修了した場合、受講費の一部が支給されます（上限あり）。この対象講座には「一般教育訓練」「専門実践教育訓練」「特定一般教育訓練」があり、講座によって給付率や給付額の上限が異なります。

また、初めて受給するさいには、一般教育訓練と特定一般教育訓練では受講開始日時点で1年以上の被保険者期間、専門実践教育訓練では2年以上の被保険者期間が必要です。以前に利用したことがある場合、前回の利用から3年以上の期間をあける必要があります。

教育訓練給付の対象講座の一例

講座の種類	給付率・給付額	対象講座の例
一般教育訓練	受講費の20％（上限10万円）	ファイナンシャルプランナー、簿記、英語検定、修士・博士の学位などの取得を目標とする課程など
専門実践教育訓練	受講費の70％（４年間で最大224万円）	介護福祉士、社会福祉士、看護師、美容師、歯科衛生士、保育士、調理師、情報通信技術に関する資格（ITSSレベル3以上）取得講座など
特定一般教育訓練	受講費の40％（上限20万円）	介護職員初任者研修、大型自動車第一種・第二種免許、税理士情報通信技術に関する資格（ITSSレベル２以上）取得課程など

Q47 65歳以上の失業手当「高年齢求職者給付金」を受給しても年金は全額もらえるって本当？

A 高年齢求職者給付金は年金と併給調整されない。そのため年金を全額もらうことができる。

65歳以降に退職して求職中の人には、失業給付（基本手当）はもらえませんが、代わりに「高年齢求職者給付金」が一時金として支給されます。つまり、高年齢求職者給付金は、65歳以降に退職した人のための失業給付といえばわかりやすいでしょう。

高年齢求職者給付金は、退職日以前1年間に被保険者

高年齢求職者給付金の給付額

給付金の額と留意点

給付金の額	●被保険者期間が1年未満 ➡基本手当日額の30日分 ●被保険者期間が1年以上 ➡基本手当日額の50日分 ※いずれも離職理由は問わない
留意点	●7日間の待期期間は必要 ●自己都合による退職の場合、５年のうち２回までは待期期間満了後２ヵ月間は給付制限期間（懲戒解雇の場合は３ヵ月間）

給付額の計算例

■ Aさんの場合

Aさんの退職前月給40万5,000円

●賃金日額
➡ 40万5,000円×６ヵ月÷180＝１万3,500円

●基本手当日額
➡１万3,500円×50％（給付率）＝6,750円

●被保険者期間８ヵ月（⇒１年未満）
➡支給日数30日

●高年齢求職者給付金6,750円×30日
➡ 20万2,500円

▶給付額は 20万2,500円

■ Bさんの場合

Bさんの退職前月給12万円

●賃金日額
➡ 12万円×６ヵ月÷180＝4,000円

●基本手当日額
➡ 4,000円×80％（給付率）＝3,200円

●被保険者期間２年（⇒１年以上）
➡支給日数50日

●高年齢求職者給付金
➡ 3,200円×50日＝16万円

▶給付額は16万円

期間が6ヵ月以上あり、労働の意思と能力があるのに就職できない状態にある場合に一定の要件を満たすことで支給されるものです。**65歳以降で高年齢求職者給付金を受給しても、年金との併給調整の対象外なので、両方受け取ることができます。**まずは、住所地のハローワークで求職の申込みを行いましょう。

求職の申込みが遅れた場合、基本手当日額について日数分の支給を受けられなくなるので、早めに求職の申込みの手続きを行うことが大切です。なお、支給を受けられる期限（受給期限）は退職日の翌日から1年です。

基本手当日額は、原則として退職日以前6ヵ月の賃金合計を180で割って得た額（賃金日額）に給付率（50%～80%）を掛けた額で、下限額と上限額が定められています。賃金日額が低いほど、給付率は高く設定されています。

なお、高年齢雇用継続給付（高年齢雇用継続基本給付金、高年齢再就職給付金）は、いずれも65歳未満の人が対象です。65歳以降の人は、高年齢求職者給付金は受け取ることができますが、高年齢雇用継続給付は対象外なので、ご注意ください。

Q48 70代80代になっても高年齢求職者給付金は何回でも受け取れるというのは本当ですか？

A 雇用保険加入の年齢制限はなくなり、要件を満たせば何歳でも何回でも受給可能に！

2017年1月1日から雇用保険に加入できる人の範囲が広がりました。**65歳以降に新たに雇用される人も、高年齢被保険者として、雇用保険の「高年齢求職者給付金」の支給対象になります。**

この制度改正によって、加入できる人の上限年齢は取り払われました。例えば、70歳、80歳の人でも雇用保険に加入できます。

高年齢被保険者として離職した場合は、受給要件を満たせば、何度でも高年齢求職者給付金が一時金として支給されます。高年齢求職者給付金は老齢厚生年金といっしょに支給されるため、経済的にも安定した状態で求職活動を続けることができます。

Q49 定年退職後に再就職すると「高年齢再就職給付金」はもらえますか？

A 受給日数を100日以上残して再就職すると、給付金をもらえる。ただし、65歳まで！

「高年齢再就職給付金」は、雇用保険に5年以上加入（被保険者）していた定年退職者（60歳以上65歳未満）が、失業給付（基本手当）を受けつつ、その支給残日数を100日以上残して再就職した人に支払われる給付金です。

原則として、再就職したときの賃金が60歳時点に比べて75％未満に低下した人が対象となります。ただし、雇用保険の受給資格を満たしている人が、早期に再就職先を決めたり、開業したりする場合などにもらえる「再就職手当」の支給を受けた場合には、高年齢再就職給付金を受け取ることができません。

高年齢再就職給付金の支給期間は、失業給付の支給残日数が200日以上の場合は再就職日の翌日から2年、支給残日数が100日以上200日未満の場合は再就職日の翌日から1年、それぞれ支給されます。65歳に達した場合は、受給期間中であっても、その時点で支給は打ち切られます。給付金の申請や相談などについては、最寄りのハローワークに問い合わせてください。

高年齢再就職給付金の内容

支給条件	●再就職した日の前日における失業給付（基本手当）の支給残日数が100日以上 ●雇用保険の一般被保険者で60歳以上65歳未満 ●被保険者であった期間が５年以上 ●60歳到達時の賃金と比べて再就職時の賃金が75％未満に低下 ●再就職手当を受給していない
支給期間	●再就職日の前日において支給残日数が200日以上のときは２年 ●支給残日数が100日以上200日未満のときは1年 ※最長で65歳に達する月まで
支給額	●60歳以上65歳未満の各月の賃金が60歳時点の賃金の61％以下に低下した場合 ➡60歳以後の各月の賃金の原則15％ ●60歳時点の賃金の61％超75％未満に低下した場合 ➡60歳以後の各月の賃金の15％を上限に賃金の低下率によって支給額が減額

Q50 年金から天引きされている払いすぎた税金を取り戻す方法はありますか？

A 扶養者がいる人や多額の医療費を払った人は確定申告をすれば税金の一部が還付される。

老齢基礎年金や老齢厚生年金などの公的年金や企業年金の収入は、所得税法上では「雑所得」の扱いになります。そして、**年金の年額が65歳未満の人では108万円超、65歳の人では158万円超の場合に、源泉徴収（所得税および復興特別所得税）の対象となります。**

年金にかかる源泉徴収の計算式は**「（年金支給額－社会保険料－各種控除額）×合計税率5・105％」**です。

ここでポイントになるのは、各種控除額をどれだけ計上しているかです。通常、この各種控除額には、基礎控除と公的年金等控除が含まれます。ほかにも、配偶者や16歳以上の扶養親族などがいたり、10万円を超える医療費を払っていたりして、ほかに適用される控除（Q14参照）がある場合は、**「確定申告」**を行うことで払いすぎた税金を取り戻す（還付を受ける）ことができます。

ちなみに、高齢者にとって確定申告の手続きは負担が重いため、**「扶養親族等申告書」**を日本年金機構に提出すれば、配偶者控除、扶養控除、障害者控除、寡婦控除などが差し引かれて源泉徴収されます。扶養親族等申告書を提出できるのは、**公的年金の年額が400万円以下、年金以外の所得金額が20万円以下の人**です。

なお、扶養親族等申告書を提出していても、医療費控除を受ける場合には確定申告が必要になります。

源泉徴収される年金受給者

65歳未満の場合

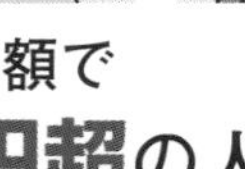

公的年金が年額で
108万円超の人

65歳以上の場合

公的年金が年額で
158万円超の人

Q51 払いすぎた税金は「確定申告」することでいくら戻ってきますか?

A 一律いくら戻ってくるというわけではない。申告する税額控除によって還付額は異なる。

確定申告を行うことで還付される税金は「所得税」です。所得税の税率は、分離課税に対するものなどを除くと、5〜45%の7段階に区分されます(下の表参照)。また、**確定申告で適用される控除額も違うので、一律にいくら還付されるといえるものではありません。**

そもそも、年金は税制面で優遇されています。社会保険料や基礎控除のほか、公的年金等控除(多くの場合は110万円)が適用されたうえで源泉徴収されるので、**年金収入のみの人は確定申告を行っても、あまり還付は受けられないと思ったほうがいいでしょう。**

年金受給者で確定申告を行うメリットが大きいのは、株の配当金・債券の利子といった資産収入があったり、医療費控除、寄附(きふ)控除などを受けられたりする場合です。上場株式などの配当所得については、総合課税や分離課税、申告不要を選択することで節税が可能です。

所得税の速算表

課税される所得金額	税率	控除額
1000円〜194万9,000円	5%	0円
195万円〜329万9,000円	10%	9万7,500円
330万円〜694万9,000円	20%	42万7,500円
695万円〜899万9,000円	23%	63万6,000円
900万円〜1,799万9,000円	33%	153万6,000円
1,800万円〜3,999万9,000円	40%	279万6,000円
4,000万円以上	45%	479万6,000円

【具体例】
課税される所得金額が200万円の場合、所得税は
200万円×10%−9万7,500円＝税額10万2,500円
※2037年までは確定申告で所得税と復興特別所得税を併せて納付する。

年金収入から差し引くことができる「控除」にはどんなものがありますか？

扶養者控除、社会保険料控除、医療費控除など。自分に当てはまる控除は全部申告しよう。

A

税金の計算で年金収入から差し引ける主な控除には、**「基礎控除」「公的年金等控除」「社会保険料控除」「医療費控除」「配偶者（特別）控除」「障害者控除」「寡婦控除」「扶養控除」**などがあります（下の表参照）。

このうち基礎控除、公的年金等控除、社会保険料控除の3つは、あらかじめ差し引かれてから源泉徴収されます。また、扶養親族等申告書を提出（Q50参照）した場合は、右の3つの控除のほか、配偶者（特別）控除、障害者控除、寡婦（かふ）控除、扶養控除も適用されることがあり、それらが差し引かれてから源泉徴収されます。

ほかにも、生命保険料を支払った人は**「生命保険料控除」**、損害保険契約などに地震等損害部分の保険料がある人は**「地震保険料控除」**、寄附（きふ）金を支出した人は**「寄附金控除」**などを控除できます。これら控除の適用を受けたい場合は、確定申告を行う必要があります。

年金収入から差し引かれる主な控除

基礎控除	多くの場合、一律48万円が控除される
公的年金等控除	多くの場合、65歳未満の人は60万円、65歳以上の人は110万円が控除される（公的年金の年額によって異なる）
社会保険料控除	健康保険料、国民健康保険料、介護保険料が全額控除される
医療費控除	年間10万円を超える部分の医療費が控除される
配偶者（特別）控除	配偶者がいる場合は、1万～48万円が控除される（配偶者の合計所得が133万円以下）
障害者控除	障害者は27万円、特別障害者は40万円、同居特別障害者は75万円が控除される
寡婦控除	ひとり親は35万円、寡婦は27万円が控除される（それぞれに一定の条件がある）
扶養控除	一般の控除対象扶養親族は38万円、特定扶養親族は63万円、老人扶養親族で同居は58万円・同居以外は48万円が控除される

Q53

年金収入に加え、受注業務などの副収入もあります。確定申告のコツは？

A

個人事業主として確定申告を行えば、業務上の支出を経費にでき、課税所得を減らせる。

年金受給者の中には、個人事業主として仕事を続け、収入を得ている人もいるでしょう。例えば、個人商店、開業医、運送業、士業などで働いている人です。また、農業、漁業、林業に従事している年金受給者もいます。

そうした**個人事業主は、事業収入があるので業務上の支出を経費に計上できます。確定申告では、事業収入から経費を控除でき、その分、課税される所得金額が減って節税になるのです。**個人事業主の確定申告で適用できる主な経費については、下の表を参照してください。

旅費交通費のように支出の１００％が経費として認められるものがある一方で、地代家賃のように一定割合だけが経費として認められるものもあります。一定割合とは、物件の総面積のうち仕事で使う面積の割合です。例えば、物件の総面積が60平方メートル、そのうち仕事で使う割合が30平方メートルなら、50％が経費として認められます。

個人事業主の確定申告で適用できる経費

地代家賃	家賃、住宅ローンの一定割合
水道光熱費	水道代、電気代、ガス代の一定割合
旅費交通費	業務で使用した交通費、宿泊費
通信費	電話代（固定・携帯）、インターネット代（光回線など）の一定割合
新聞図書費	業務で使用した新聞代、書籍代
車両費	業務で使用した自動車のガソリン代、駐車場代、洗車代、レンタカー代など。また、車両の購入費の一定割合を減価償却できる
消耗品費	業務で使用するパソコン、プリンター、コピー用紙、机、イス、事務用品、ソフトウェアなど
荷造運賃	業務で使用した切手代、ハガキ代など
接待交際費	取引先との食事代、お中元・お歳暮代など
福利厚生費	業務中の食事代など

Q54 確定申告は「青色申告」が有利と聞きましたが、年金生活者でも利用できますか？

A 青色申告ができるのは不動産所得、事業所得、山林所得のある人。年金収入のみでは不可。

確定申告には、通常のやり方（白色申告）以外にも、税制上で優遇される**「青色申告」**があります。

青色申告では、取引を複式簿記で帳簿に記帳し、決算書を作成して確定申告書とともに税務署に提出します。1年間に生じた所得金額を正しく計算して申告することから、有利な扱いが受けられるのです（下の図参照）。

ただし、**青色申告ができるのは不動産所得、事業所得、山林所得のある人にかぎられます。つまり、対象となるのは個人事業主（Q53参照）であり、年金収入のみの人は青色申告を利用できません。**青色申告は、ビジネスで一定の収入がある、個人事業主のための申告制度と考えたほうがいいでしょう。

年金収入のみの人で各種控除を受けたい場合は、扶養親族等申告書（Q50参照）を日本年金機構に提出したり、白色申告を行ったりすることになります。

青色申告のメリット

◉ 青色申告特別控除を受けられる

e-Taxで確定申告書を提出した場合は65万円、郵送か窓口で提出した場合は55万円の青色申告特別控除を受けられる。

◉ 青色事業専従者給与を経費にできる

生計を一にする配偶者や親族に支払った報酬（金額の上限なし）を経費にできる。税務署に届出書の提出が必要。

◉ 純損失の繰越し、繰戻しができる

事業で赤字が生じた場合、最長3年にわたって繰越し、繰戻しができ、その年度の黒字を相殺して節税できる。

◉ 貸倒引当金を計上できる

売掛金、受取手当、貸付金、未収金などがある場合、取引先の倒産を見込んで、その一部を引当金として控除できる。

◉ 少額減価償却資産の特例を使える

取得金額が30万円未満の減価償却資産（パソコンなど）を、購入した年の経費として全額を経費に計上できる。

第6章

暮らしを守るために やめていいこと ❶ヒトについての 疑問13

回答者

▶Q55～67◀

山本宏税理士事務所所長　税理士

山本 宏（やまもと ひろし）

山本文枝税理士事務所所長　税理士

山本文枝（やまもとふみえ）

自分自身の見栄やプライドを捨て人との付き合いを見直せば生きがいまで発見しやすい

だけど
お金の問題だけじゃない気がするわ
いい指摘じゃ
シンプルな暮らし方を実現するには暮らしをヒト・モノ・カネに仕分けして考える必要がある
ヒトというのは人間関係を断つってことと？
そうではない！
自分自身の見栄（みえ）やプライドを捨て人との付き合いの余計な付き合いをやめてシンプルにするんじゃ
あなた見栄っ張りだから会社の部下にかなりお金を使っていたわ
勤めは終わったからこれからはおごらなくていいさ
よし来月から小遣いは半額と…
そ…それは……
見栄やプライドを捨てれば心に余裕が生まれる余計な付き合いをやめれば生きがいにつながることに時間が使える
いいことずくめ！
見栄
プライド
あなたの生きがいは何？
お前に決まってるだろ
元気でいてくれよ
まー
小遣いは？
半額よ

Q55 年金暮らしになったら「やめていいこと」はなんですか？

A 会社と同様、年金暮らしを「ヒト」「モノ」「カネ」で仕分けすれば日々の無駄が見えてくる。

仕事をリタイアし、**年金暮らしを始めるタイミングは私たちにとって人生の大きな転機**といえるでしょう。

それまでは仕事、出産、子育て、マイホーム購入などさまざまなライフイベントがありましたが、年金暮らしになると一気に生活が落ちつきます。仕事をしなくてもよくなり、子供たちは自立し、住宅ローンを払い終え、人付き合いが減って自分の時間が長くなります。

また、高齢になると気力・体力が衰え、若いころのように活動的な生活を送ることは難しくなります。そもそも、リタイアしたら収入が大幅に減るわけですから、身の丈に合わせて生活を見直すことが必要なのです。

そこで、**年金暮らしになったら「やめていいこと」を冷静に把握することが重要になります。ポイントは、会社経営のように「ヒト」「モノ」「カネ」に分けて、生活に無駄がないかを洗い出すことです**（下の図参照）。

現役時代は義務感でやっていた人付き合いや、見栄を張った買い物が多いはずです。また、リタイア後は、老後資金（現金）を一本化することが肝心です。無理なく生活できる新しいルールを自分なりに作りましょう。

年金暮らしでやめていいことの例

◉ヒト
→人に見栄を張るのをやめる
→酒席や会食などの回数を減らす
→友人から食事に誘われても行かない
→孫の世話を頼まれてもやらない など

◉モノ
→年賀状、お中元・お歳暮を出さない
→高価なブランド品は買わない
→無農薬、有機栽培の食品にこだわらない
→自家用車を手放し、運転免許証を返上する
→健康食品は買わない など

◉カネ
→無駄な生命保険や医療保険は解約する
→不要な不動産は売却する
→株式や債券を売却する
→子供への金銭的な援助をやめる など

Q56 年金暮らしでは「シンプルな暮らし方」が求められると聞きました。なぜですか？

A 年金暮らしの主な収入「年金」で生活するには支出を抑えたシンプルな暮らし方が必要に！

年金暮らしが始まったら、主な収入は公的年金や企業年金になります。多少の貯金があったとしても、それは大切な老後資金として温存しなければなりません。

総務省「家計調査報告（家計収支編）」（２０２１年）によると、夫65歳以上、妻60歳以上の無職世帯（夫婦高齢者無職世帯）の毎月の平均収入は23万６５７６円と報告されています。また、同世帯の支出は税金や社会保険料などの非消費支出が３万６６４円、消費支出が22万４４６３円で、１ヵ月当たり１万８５５１円の赤字でした。

現役時代と同じ金銭感覚のままでは、早い段階で貯金が底を突くことも考えられます。リタイア後は、支出を抑えたシンプルな年金暮らしを心がけてください。

Q57 「ほしいものは買う」「やりたいことはやる」ではシンプルな暮らし方は実現しませんか？

A 「ほしい」「やりたい」という欲求は人間が生きる糧。その欲求を少し抑えるだけでＯＫ！

年金暮らしでは無駄なことを見直さなければなりませんが、本人にとっての生きがいとなれば話は別です。

例えば、百貨店で買い物がしたい、音楽教室で楽器を習いたい、温泉旅行に行きたいなど、誰でも何かしら楽しみにしていることがあるでしょう。

「ほしい」「やりたい」という欲求は、私たちにとって生きるモチベーション（動機づけ）になります。特に、高齢者は老化に伴う心身の衰えなどにより、最悪の場合、寝たきりになることもあります。**自分の生きがいを大切にしながら意欲的に生活することが大切です。**

欲求に少しブレーキをかけさえすれば、シンプルな暮らしは実現できるでしょう。

58 年金暮らしで「やめていいこと」をやめると、どんないいことがありますか？

A 本当に「実」のあることだけを追求すれば生活が楽になり、人生がより充実することに！

年金暮らしで**「やめていいこと」**の多くは、現役時代に無理してやっていたことです。親族どうしの関係や世間体、将来の経済面の安定などを考え、自分を捨てて耐えていたことも多いのではないでしょうか。

しかし、リタイア後は、もう相手に余計な気を遣ったり、我慢したり、嫌われないように恐れたりする必要はありません。**自分にとって楽なことを選び、本当に「実」のあることを追求すればいいのです。**

人間関係を精算したり、物を捨てたり、周囲からの誘いを断ったりするのは勇気のいることですが、年金暮らしを始めたら自分中心に物事を考えましょう。自分の気持ちを大切にすることで人生がより充実します。

Q59 つい「見栄」を張ってしまいます。人に見栄を張るのはやめるべきですか？

A 見栄を張るのは、爪先立ちで暮らすようなこと。やめれば楽になり自然体で生きられる。

私たちは、自分と相手を比べてしまいがちです。現役時代に**「見栄」**を張ってブランド物の服を買ったり、高級腕時計を身につけたり、外車に乗ったりして優越感に浸っていた人も少なくないでしょう。

働いていて収入が多ければ、見栄を張って出費がかさんでも生活は成り立つでしょうが、リタイアして年金暮らしになったらそうもいきません。**かぎられた年金収入しかないのに贅沢を誇示して見栄を張ることは、まるで爪先立ちで暮らすようなもの**です。

年金暮らしになると、対抗心を燃やす相手は少なくなります。見栄を張ることをやめれば、肩の荷が下りて楽になり、自然体で生きられるようになるでしょう。

Q60 人から「ケチ」と思われたくありません。どうすればいいですか?

A 「人は人、自分は自分」と割り切ること。ただし、人の財布ばかり当てにするのはタブー。

日本には、昔から先輩や上司が後輩や部下に食事をおごる習慣があります。この人間関係の立ち位置は、年金暮らしになっても変わることはありません。

では、「ケチ」と思われないように、かぎられた年金収入から食事をおごったほうがいいのでしょうか。

リタイア後は、無理しておごる必要はありません。後輩や部下に割り勘を申し出ても、リタイア後の苦しい経済状況を察してくれるでしょう。ケチと思われるかどうかはわかりませんが、「人は人、自分は自分」と達観して割り切ることも、老後には大切です。

ただし、相手の財布を当てにして多めに払ってもらったり、おごってもらったりするのはやめましょう。

Q61 「酒席」や「会食」の誘いを断るにはどうすればいいですか?

A 「先約がある」と断れば角が立たない。医師から飲酒を禁止されていると伝えてもいい。

リタイア後も、同級生や会社の同僚などと交友関係が続いていると、酒席や会食に呼ばれることがあります。楽しいひとときを過ごせるのはけっこうですが、飲食代がかさみ負担に感じることもあるでしょう。

角を立てずに酒席や会食を断る一番の方法は、「先約がある」と伝えることです。「法事がある」「歯の治療の予約を入れている」「車検整備に行く」など、用事は何でもかまいません。予定が入っていなければ、話を作ってもいいでしょう。要は、相手が納得すればいいのです。

健康を理由に、「医師から飲酒を禁じられている」「食事療法を行っているので自由に飲食できない」といって断る方法もあります。

Q62 「冠婚葬祭」への参列はどこまですべきですか？断っても人間関係は壊れませんか？

A 義理で参列するものではない。葬儀などの一報に「最初に接したときの気持ち」に従うべき。

冠婚葬祭は、人間関係の中で最もデリケートな部分です。とりわけ、葬儀では最大限の礼儀作法が求められるほか、香典などの出費が発生するため、参列者にも大きな負担がかかります。そのため、「できることなら葬儀の参列を見送りたい」と考える人もいるでしょう。

大切なのは、誰彼かまわず葬儀に参列するのではなく、心から「偲びたい」と思える相手を選ぶことです。そもそも、葬儀は遺族にとって厳粛なイベントであり、義理で参列するものではありません。

ですから、故人の訃報を最初に耳にしたとき、どう思ったかで葬儀に参列するかどうかを決めるべきでしょう。訃報に接したときに「偲びたい」と思ったのなら、その気持ちに従って葬儀に参列すればいいのです。

葬儀に参列するほどでもないと思ったなら、弔電を送ってお悔やみの気持ちを伝えておけば、遺族の心象を害することもないでしょう。

最近は、親しい人が亡くなっても、葬儀には参列せず心の中で故人を偲ぶだけという人も増えています。年金暮らしの年齢になると訃報に接する機会が増えるので、そのような割り切った考え方も必要でしょう。

心の中で偲ぶだけでもいい

年金暮らしの年齢になると親しい人の訃報に接する機会が増える。義理で葬儀に参列せず、弔電を送ったり、心の中で故人を偲んだりするだけでもかまわない。

Q63 入院中の「お見舞い」はかえって迷惑です。やめてもらういい方法はありますか？

A 体調の悪いときに人と会う必要はない。看護師などに「お見舞い辞退」の旨を告げておこう。

コロナ禍による行動制限が緩和され、入院中の患者さんと面会できる病院が少しずつ増えてきました。家族どうしが面会する機会を持てるのは喜ばしいことですが、相手が友人や知人の場合はどうでしょうか。

実際のところ、入院している本人にしてみれば、友人・知人がお見舞いに訪れても迷惑に感じることがあります。体調が悪いときに、相手に気を遣って話をするのは大変なのです。迷惑と思うなら、無理に面会する必要はありません。また、見舞金をもらうと、快気祝いを贈らなければならないことも負担になるでしょう。

面会したくないなら、ナースステーションの看護師に「お見舞い辞退」の旨を伝えておくといいでしょう。

Q64 妻の仕事と思い「夫の親への連絡」は私がしています。気苦労ですが、どうしたらいい？

A 「夫の親への連絡は妻の仕事」は間違い。血のつながっている夫にバトンタッチするといい。

かつて、固定電話しかなかった時代は、昼間に会社で働いている夫の代わりに専業主婦の妻が、離れて暮らす夫の両親に連絡を取るケースが多く見られました。

これは長い間、妻の役割と思われてきましたが、携帯電話やインターネットなど通信手段の発達や、共働きの増加によって今では事情が変わっています。

むしろ最近は、夫が自分のスマートフォンから両親に電話をかけたり、メールを送信したり、ＬＩＮＥなどのＳＮＳアプリを利用してメッセージのやり取りをしたりすることも増えています。**両親への連絡はお互いに血のつながった本人がやることにしてはどうか、と夫婦で話し合ってみるといいでしょう。**

65 息子夫婦から「同居」を提案されました。受け入れるべきですか？

A 同居を機に不仲になってしまうことも少なくない。マイナス面がないか考えて検討を！

厚生労働省の調査によると現在、親族世帯のうち核家族の占める割合は80％以上と報告されています。

そんな中、**離れて暮らす息子夫婦、あるいは娘夫婦から「同居」を提案される高齢者が増えています。**理由は、親の孤独死の回避や、介護が必要になる前の環境作りなどさまざまでしょう。いずれにせよ、息子や娘が自分を気にかけてくれるのは親としてうれしいことです。

しかし、**安易に同居を決断してはいけません。というのも、息子夫婦や娘夫婦と同居したら、その生活スタイルに自分を合わせなければならないからです。**

そもそも、年金暮らしの高齢者と、仕事や家事、子育てに忙しい現役世代では、生活スタイルがまるで違います。もし、親が息子夫婦や娘夫婦と同居したら、寝起きする時間を合わせたり、食事も同じものを食べたりしなければならないでしょう。また、家事や孫の世話など家の中の役割を任されることもあります。

こうしたことを受け入れられなければ、仲がよくても軋轢（あつれき）が生まれて同居はうまくいきません。**同居のマイナス面も十分考慮したうえで結論を出しましょう。**

二世帯同居家族の言い分の例

出歩いてばかりいないで、少しは家事を手伝ってほしい（息子）

スーパーへ買い物に行きますので、孫の面倒を見てください（嫁）

孫

VS

夜の9時には寝たい。テレビのボリュームを小さくしてくれ（父）

洋食はイヤ。焼き魚や煮物、漬け物などの和食を食べたい（母）

Q66 近所に住む娘から「孫の子守」を頼まれたが体力に自信がありません。引き受けるべき？

A かわいい孫でも面倒を見るのは大変。体力に自信がないなら無理に引き受ける必要はない。

祖父母にとって孫はかわいい存在です。中には、目に入れても痛くないという人もいるでしょう。

しかし、「子守」をするとなると話は別です。**多くの祖父母は、孫の子守をしたいとは思っていません。というのも、子守には大きな責任を伴うからです。**

例えば、乳児の場合は、寝返りなどのささいなことで窒息(ちっそく)事故が起こる危険があります。また、歩けるようになったあとも誤飲、転落、道路への飛び出しなどに注意しなければならず、気が休まるひまはありません。

体力があり、気力も充実していた若いころとは違い、年金暮らしの高齢者にとって子守は大きな負担です。にもかかわらず、息子や娘は「かわいい孫の世話なんだから、喜んでやるだろう」と考えています。

体力・気力に自信がなく、孫の子守に責任を持てないのなら、そのことを息子や娘に率直に伝え、「子守はできない」と断ったほうが無難です。

ほかに、孫のためにしてあげられることはいろいろとあります（左の図参照）。食料品（乳児なら粉ミルクなど）を援助することから始めてみてはいかがでしょうか。

孫にしてあげられることの例

◉ 物質的な援助
幼い子供は食べ盛りなので、食料品を送ると喜ばれる。ランドセル、学習机、衣服なども必要に応じてプレゼントするといい。

◉ 金銭的な援助
経済的に余裕があるなら、孫の養育費用としてお金を渡すのが一番。扶養義務者からの生活費等の贈与には、贈与税はかからない。

◉ 車内での話し相手
子守をするのは無理でも、少しの間、話し相手になるくらいならできるはず。息子や娘の車に同乗するときは、孫の隣に座る。

◉ 緊急連絡先としての登録
孫が幼稚園や保育園、学童保育などを利用する場合、緊急連絡先がいくつか必要になるので、自分の携帯電話番号を提供する。

私の親族が集まる「親の法事」が負担です。やめても問題ないですか？

A 親の法事はやめても問題ない。不満が出たなら、その人を含めて食事会を行うのも一手。

法事には、命日に故人を供養する「法要」（下の図参照）や仏教行事の「お盆」「彼岸供養」などがあります。とりわけ、親族を招いて行う法要は、数ヵ月前から菩提寺の住職に連絡を取って打ち合わせをしたり、招待する親族に案内状を送ったり、当日の食事や引き出物の手配をしたりと準備が大変です。

こうした法要の準備は、菩提寺のお墓を引き継いで管理する「祭祀承継者」が行います。通例、祭祀承継者となるのは、それ以前に祭祀承継者だった故人が指定した者で、息子か娘がほとんど。慣例では、祭祀承継者が七回忌まで親族を招き、法要を執り行うことになります。

では、祭祀承継者となった息子や娘は、亡くなった親の法要の執り行いを拒否してもいいのでしょうか。結論をいうと、**祭祀承継者は法要を執り行わなくても、法律上全く問題ありません。**霊園や墓地に年間管理料を支払えば、あとは特に何の義務も生じないのです。

近ごろでは、親族を招くのは三回忌までにして、後は家族だけで供養するケースも増えているなど社会的な変化も見られます。

親族の理解を得られるなら、集まって執り行う法要は三回忌までにし、それ以降は食事会ですますという手もあります。まずは、親族を交えて「法要をいつまで執り行うのか」を話し合うことが大切です。

法要の流れ

7日め	初七日
49日め	四十九日（七七日）
1年めの命日	一周忌
2年めの命日	三回忌
6年めの命日	七回忌
12年めの命日	十三回忌
16年めの命日	十七回忌
22年めの命日	二十三回忌
24年めの命日	二十五回忌
26年めの命日	二十七回忌
32年めの命日	三十三回忌
49年めの命日	五十回忌

第7章

暮らしを守るために やめていいこと ❷モノ についての 疑問19

回答者

▶ Q68～86 ◀

山本宏税理士事務所所長　税理士

山本　宏（やまもと　ひろし）

山本文枝税理士事務所所長　税理士

山本文枝（やまもとふみえ）

身の回りのものを片づけて心もスッキリ！高齢者の危険な運転事故まで回避

※出典：警察庁『運転免許統計（令和３年版）』

Q68 毎年「年賀状」を出しています。相手に失礼のない「年賀状じまい」の方法は？

A 失礼のないように、「これで最後」と伝える年賀状を出して年賀状じまいをするといい。

毎年、年賀状を出すことは高齢者にとって大きな負担となります。年賀状を作る手間はもちろんですが、住所録を更新したり、喪中（もちゅう）の相手の場合は発送を取りやめたりと、さまざまな目配せが必要で気を遣います。

また、年賀状は、発送にかかるコストも安くはありません。業者に頼んで文面や宛名（あてな）、イラストを印刷してもらったり、写真を入れたりする場合には、万単位の費用がかかることがあります。

そのため、最近は、**「年賀状じまい」**をする高齢者が増えています。年賀状じまいとは、今回で年賀状を送るのは最後にすると相手に伝えることです。

日本には礼儀を重んじる伝統があるので、親しい相手に「年賀状はこれでおしまい」と伝えることは、ややもすると失礼に当たるように思われます。しかし、**現代では携帯電話や電子メール、SNS（ソーシャルネットワークサービス）など、連絡を取り合う手段はいくらでもあるので、いつまでも年賀状を出す風習に縛られる必要はありません。年を取って負担に感じたら、そのことを率直に伝えて年賀状じまいをすればいいのです。**

今後の連絡手段を伝えることが大切

ただし、最後の年賀状を出すときには、文面上、注意したほうがいいポイントがいくつかあります。

まず、年始の挨拶（あいさつ）などお祝いの言葉から始めます。これは、いつもの定型の文章でかまいません。

次に、年賀状じまいの理由を簡潔に述べます。終活や老い支度を理由にすれば納得してもらえるでしょう。

そして、今後の連絡手段を伝えます。**年賀状のやり取りは最後になっても、人間関係が終わるのではないことを伝えることが大切です。**相手が自分の連絡先を知らない場合は、携帯電話の番号やメールアドレス、SNSのアカウント名などを付記するといいでしょう。

年賀状じまいの文例

新年明けましておめでとうございます。
旧年中は大変お世話になりました。
本年もどうぞよろしくお願い申し上げます。

通例のようにお祝いの定型文を入れる

さて、私も昨年に年金を受給する年齢に達し、
「老い支度」を意識する時期にさしかかってまいりました。
つきましては、年賀状でのご挨拶は本年で最後とさせていただきたく存じます。
誠に勝手ではございますが、何卒ご容赦ください。

年賀状じまいの理由を述べる

長年にわたり、賀状を賜りまして誠にありがとうございました。
今後は電話や電子メール、ＳＮＳなどで近況の報告をいただければ幸いです。

今後の連絡手段を伝える

皆様のご多幸とご健康を心よりお祈り申し上げるとともに、
これからも変わらぬお付き合いをお願い致します。

携帯電話の番号や、メールアドレスを付記してもいい

東京都港区虎ノ門△-△-△
０９０-△△△△-△△△△
文響　一郎

親族との「お中元」「お歳暮」のやり取りは大変です。やめるいい方法はありますか？

A お歳暮のお礼の電話がきたとき、引っ越したときなど、タイミングを見てやめるといい。

年金暮らしになってからも、付き合いのある親戚や、夫の元上司などにお中元、お歳暮を贈っている人も多いのではないでしょうか。そうした進物は、発注が面倒であるうえ、それなりに費用もかかります。

もし、お中元、お歳暮のやり取りをやめたいと思っているなら、自分が進物を贈って相手からお礼の電話がきたときに「もう年金暮らしなので今回で最後にしたいと思っています」と、丁重に伝えるといいでしょう。

また、自宅を売却して高齢者住向け住宅などに引っ越したときも、進物のやり取りをやめるタイミングとなります。転居の挨拶状に、「今後、お中元・お歳暮の贈答は辞退致します」と書いて相手に送ればいいのです。

Q70 孫やひ孫が多く「誕生日プレゼント」が大変です。嫌われずにやめることはできますか？

A やめても嫌われるとはかぎらない。「プレゼントは○歳まで」と決め宣言するのも一手。

孫はかわいいものですが、何人もいると誕生日プレゼント、クリスマスプレゼントなど、1年に何度も贈り物を用意しなければならず大変です。

また、孫が大きくなるにつれて「今度のプレゼントはあれがいい」とリクエストを受けることもあります。聞いたこともない玩具やゲームをリクエストされたりすると、さすがに困ってしまいストレスもたまります。

ですから、孫へのプレゼントは、「幼稚園に入る3歳まで」「小学校に入る6歳まで」とあらかじめ決め、本人に宣言しておくといいでしょう。

孫のほうも年金暮らしをしている祖父母には、そこまで大きな期待はしていないものです。

Q71 やめることで「台所仕事が楽になる方法」がいくつもあると聞きました。どんな方法？

A 献立作り、作り置き、揚げ物、米とぎ、食器の手洗いなど、やめて楽になる方法は多い。

毎日の食事の支度、食器洗いは、多くの主婦にとって悩みのタネです。家族に喜んでもらえる献立を毎食考えて調理するだけでも大変ですが、食べ終わった後の片づけや食器洗いも手間がかかります。

年金暮らしになったら、そうした台所仕事が楽になる工夫をしてみましょう。

まず、**食事の支度については、家族の食事をまとめて作るのではなく、食材だけ用意しておいて各自が調理し、好きなときに食べるようにするといいでしょう。**これなら、献立作りに悩まなくてすみ、それぞれ自分の好きな物を食べられるので食事の満足度も高くなります。

自分で調理するといっても、料理が苦手な夫には妻がご飯を炊き、主菜、みそ汁を用意するなど、ケースバイケースの配慮は必要でしょう。自分で調理するのは、食事の自由度を高くする選択肢の1つと考えてください。

やめることで台所仕事が楽になる方法

◉ 献立を考えない ➡ 食材だけそろえ各自調理する
家族で台所仕事をシェアし、各々が自分の食事を用意する。肉、魚、野菜、冷凍食品、調味料を常に補充することが肝心。

◉ 揚げ物、常備菜を作らない ➡ スーパーの総菜を買う
火事の危険が伴う揚げ物、残してしまいがちな常備菜は作らない。食べたいときは、スーパーの総菜を買えばいい。

◉ 米をとがない ➡ 無洗米を利用する
最近は、多くのブランド米に無洗米が用意されている。無洗米なら米をとぐ必要はなく、水を入れるだけで炊飯できる。

◉ 料理を毎食作らない ➡ たまには外食ですます
毎日３食、料理を作るのは大変。たまに外食をすれば、プロの味を楽しめるうえ、調理や食器洗いの手間を省ける。

◉ 食器を手洗いしない ➡ 食器洗い機を利用する
食器洗い機を利用すれば、手洗いの必要がなくなる。また、食器洗い機のほうが手洗いよりも水道代が大幅に安くなる。

次に、**料理については、スーパーの総菜をうまく利用しましょう。**特に、火傷（やけど）や火事の危険が伴う揚げ物、残してしまいがちな煮物や漬け物などの常備菜は、食べるときだけスーパーで買うようにしましょう。

米のご飯は、無洗米を利用すればとぐ必要がなくなり、その分、水仕事が楽になります。無洗米は、ふつうの精米よりも値段が少し高くなりますが、実売ではそんなに違いません。安さにこだわらなければ、楽に炊飯できる無洗米を選んだほうがいいでしょう。

もっと楽なのは、パック入りのレトルトご飯です。レトルトご飯は、電子レンジで1～2分チンすれば食べられ、未開封なら長期保存できます。安いものなら、200（グラム）当たり100円程度で市販されているので、価格も手ごろといえます。パンや麺類を食べる機会が多く、ご飯は1日1～2食という人は、炊飯するよりもレトルトご飯を利用したほうが無駄はないでしょう。

料理を毎食作る必要はありません。たまには外食ですませば、プロの味を楽しむことができ、調理や食器洗いなどの台所仕事の手間を省くこともできます。

食事の後の食器洗いについては、思い切って手洗いをやめるのも1つの方法です。食器の手洗いは面倒なだけでなく、手荒れなどの肌のトラブルも招きます。

最近では、各家電メーカーから食器洗い機が発売されています。コンパクトなタイプなら3万円台から購入できるので、食器の手洗いをやめたい人は検討するといいでしょう。食器洗い機には、手洗いをするよりも水道代を大幅に節約できるというメリットもあります。

食器洗い機があると便利

食器の手洗いは、手荒れを招く重大原因。食器洗い機を利用すれば、そうした水仕事の苦痛から解放される。乾燥機能を持つ機種もあるので、家事の時短になるのも利点の1つ。

Q72 料理を毎日作るのは大変です。「外食」や「テイクアウト」はやめたほうがいいですか？

A 外食などは手間いらず。1〜2人分の食事なら手作りするより、かえって安くつくことも！

食事の支度は手間がかかり、高齢者にとって負担が大きいものです。また、子供が独立して夫婦2人暮らし、あるいは独居の場合、自炊をすると食材が余り、かえって不経済になってしまうこともあります。

むしろ、「外食」や「テイクアウト」、「配食サービス」を利用したほうが安くすむことも少なくありません。

外食やテイクアウトでおすすめなのは、牛丼チェーン。ワンコイン（500円）で食べられ、牛丼以外のメニューも豊富で、手軽に持ち帰ることができます。

また、弁当を届けてもらえる配食サービスも1食当たりワンコイン程度から利用できるところが多く、高血圧や糖尿病の人に配慮した弁当を選べる場合もあります。

Q73 食料品などの買い物で「商品の持ち帰り」が大変です。どうしたらやめられますか？

A 大手スーパーなどの「配送サービス」を利用するといい。一定金額以上の買い物で利用可。

最近では、大手スーパーを中心に「配送サービス」を行っています。これは、店内で購入した商品を有料で配送してもらえる便利なサービスです。

重い荷物の持ち帰りが困難な高齢者は、こうしたスーパーなどの配送サービスを利用するといいでしょう。

ただし、配送サービスを利用するためには、一定金額以上の買い物をしなければなりません。2000〜4000円以上を条件にしているところが多く、配送料は100〜400円程度かかります。

なお、品質が劣化しやすい冷凍・冷蔵食品、くずれやすい刺身・寿司・惣菜（そうざい）の盛り合わせ、割れやすいビン類などは配送の対象外となることがあります。

Q74 やめることで「洗濯や掃除が楽になる方法」があると聞きました。どんな方法ですか？

A 少しの工夫で洗濯物干しをやめる、服をたたまない、アイロンがけをしないなどが可能。

家事の中でも洗濯や掃除は、かなりの体力を必要とします。重い洗濯物をベランダまで運んで物干しをしたり、バケツに水をくんで雑巾(ぞうきん)がけをしたりと、かなりの力仕事です。また、乾いた洗濯物を1つひとつたたんだり、アイロンをかけたりと手間もかかります。

若いころにはふつうにできたことでも、年を取ると肩が上がらない、ひざが痛くてしゃがめない、やる気が湧(わ)かないといった心身の衰えにより、洗濯・掃除が以前にも増して大変に感じられるものです。

そこで、年金暮らしになったら、洗濯・掃除を楽にする工夫が必要になります。

体調が悪ければ家事代行に頼む手もある

洗濯では、乾燥機を利用すると便利です。乾燥機を使えば、物干しをしなくてもすむほか、天候に左右されず

やめることで洗濯・掃除がらくになる方法

◉ 物干しをしない ➡ 乾燥機を利用する

乾燥機を使えば、物干しは不要。短時間で乾かせることもメリット。コインランドリーの乾燥機を利用してもいい。

◉ 服をたたまない ➡ ハンガーのまましまう

ハンガーにかけて干した場合は、そのまま洋服ダンスのラックに吊るす。下着や靴下もたたまずにタンスにしまう。

◉ アイロンがけをしない ➡ クリーニングに出す

上着、シャツ、スカート、ズボンは、クリーニングに出す。シワにならない形状記憶繊維の衣類を利用するのも一手。

◉ 雑巾がけをしない ➡ フローリングワイパーを使う

床は雑巾がけをせず、フローリングワイパーを使う。ほこりはドライシート、汚れはウェットシートできれいになる。

◉ 洗濯・掃除をしない ➡ 家事代行サービスに頼む

体調が優れないようなときは、民間の家事代行サービスに依頼するといい。料金の目安は、1時間3,000円程度。

に洗濯できる、短時間で乾かせるなどのメリットがあります。自宅に乾燥機を置くスペースがなければ、コインランドリーの乾燥機を利用してもいいでしょう。

乾いた洗濯物は、たたむ必要はありません。ハンガーにかけて物干しをしている場合は、乾いたらそのまま洋服ダンスのラックに吊るすといいでしょう。また、下着や靴下などシワになってもかまわない衣類は、たたまずにタンスにしまったほうが楽です。

アイロンがけは、やらなくても大丈夫です。シワが目立つと恥ずかしい上着、シャツ、スカート、ズボンなどはクリーニングに出せばＯＫ。シャツなどは形状記憶繊維のものを選べばシワが目立ちません。

掃除は、雑巾がけをやめ、立って使えるフローリングワイパーを利用すると楽です。じゅうたんや畳には掃除機を使い、板張りの床はフローリングワイパーで掃除をするといいでしょう。

ところで、自分で洗濯・掃除をせず、**「家事代行サービス」**を利用する方法もあります。料金は1時間当たり3000円程度かかりますが、体調が優れないときに頼めるようにしておけば、いざというときに安心です。

Q75 年を取って「年末の大掃除」がつらくなりました。やめられる方法はありますか？

A ふだんから小まめに掃除していれば、年末の大掃除は不要に！高所の掃除には注意する。

ふだんから身の回りを小まめに掃除していれば、年末の大掃除はあまり大変なことではなくなります。

ポイントは、場所ごとに掃除する頻度を決めることです。例えば、室内の片づけは毎日、床掃除は3日に1回、浴室の掃除は週1回、玄関の掃除は月2回と決めて実行すれば、家の中に頑固な汚れなどが残りにくくなるので、年末に大掃除をするまでもないでしょう。

ただし、エアコンや照明器具など高い場所にあるものを掃除する場合は、脚立から転落・転倒する危険があります。高齢者が転落・転倒して足を骨折すると、寝たきりにもなりかねません。危険を伴う高所の掃除は、家事代行サービスに頼んでやってもらうといいでしょう。

Q76 使わなくなったバッグや服などの「ブランド品」がたくさんあります。うまい処分法は？

A 「メルカリ」などのフリマサイトに出品すれば手軽に処分でき、高額売却も可能！

ブランド品の処分方法としては、質屋やリサイクルショップで買い取ってもらう方法があります。

ただし、そうした業者に依頼した場合の買取価格の相場は、定価の10～20％程度。新品未使用品なら50％前後で買い取ってもらえるケースもあるようですが、かなり厳しく査定されると考えたほうがいいでしょう。

そんな中、個人で物品を売買する「フリーマーケット（フリマ）サイト」のメルカリ（https://jp.mercari.com/）が人気を集めています。メルカリは、商品の売り手と買い手をマッチングするネットサービス。売る人は、商品を撮影して写真をアップロードし、説明文を書き、自分で値づけをして出品します。そして、買う人は、出品された商品の中から好みのものを選んで購入するのです。

商品が売れると、売り手は代金の10％を販売手数料としてメルカリに支払いますが、それ以外の出費は基本的にありません（決済手数料がかかる場合がある）。

メルカリの利点は、日本最大の取引量を誇るフリマなので商品が売れやすいことと、自由に値づけができることです。適正価格で出品する必要はありますが、付加価値の高い商品なら高額売却も期待できるでしょう。

メルカリでの取引の流れ

売り手は、商品の**写真をアップロード**し、**説明文を入力**し、**配送法**、**価格を設定**。

▼

買い手は、ほしい商品を一覧から選び、**「購入手続きへ」**を押し、**支払方法を選択**。

▼

売買が成立すると代金は、販売手数料10％を引かれ、売り手の**残高**※に反映される。

▼

売り手は、**商品を梱包・発送**（匿名配送が可能なメルカリ便を利用できる）。

▼

発送された**商品が**、**買い手に到着**。買い手は、売り手を**「良い」「悪い」で評価**する。

※残高の金額は、メルカリ内での買い物に利用できるポイントに交換できるほか、振込申請を行うことで自分の口座に振り込むこともできる。

Q77 年を取っても女性に「化粧」は欠かせません。化粧品代を節約する方法はありますか？

A 年齢に合った化粧水を使う、お金をかけるのは1点だけに絞るなどの方法で節約できる。

女性にとって化粧は、身だしなみとして欠かせないものです。それは年金暮らしを始めた後も変わりません。問題は、限られた収入の中で、いかにして化粧品代を節約し、生活費をやり繰りするかでしょう。

化粧品代を節約するおすすめの方法は、❶年齢に合った化粧水を使う、❷1点だけにお金をかける、❸平均的な化粧品代よりも安く抑える、❹100円ショップの化粧品を試すの4つです（下の図参照）。

ポイントは、化粧品の使用量を全体的に減らすことと、値段の安い化粧品を選ぶことです。

まず、ふだんどこまで化粧するかですが、スーパーへ買い物に行くために外出するだけなら、ファンデーションを塗ったりせず、保湿や日焼け止めのために化粧水や美容液をつけるくらいでいいでしょう。

次に、化粧品を安くすませるなら、ディスカウントショップのバーゲン品や、100円ショップの化粧品などが選択肢になります。基礎化粧品（化粧水、乳液など）は上質なものを使い、メイクアップ化粧品（口紅、マスカラなど）は安価なものを試してみてください。

化粧品代を節約する4つの方法

❶ 年齢に合った化粧水を使う

若い人向けの化粧水は、中高年以上の肌には合わない。保湿力に優れている中高年向けの化粧水を使うと使用量が減ることがある。

❷ 1点だけにお金をかける

自分が満足できる化粧品1品だけにお金をかけ、あとは安くすませる。化粧水、または乳液は上質なものを使うのがおすすめ。

❸ 平均的な化粧品代よりも安く抑える

20～40代の女性の平均的な化粧品代は、月額3,699円※。これよりも安く抑えるように心がけることで、節約の意識づけができる。

❹ 100円ショップの化粧品を試す

最近は、100円ショップのメイクアップ化粧品も品質が向上している。試しに使ってみて合うようなら、継続して使用するといい。

※リクルートライフスタイル「ママの美容意識」調査データ集より。

Q78 「白髪」を染めないですむ方法はありますか？

A 自宅での白髪染めは大変。染めるのをやめ、きれいなグレーヘアを楽しむのがおすすめ。

見た目の若々しさを保つため、自宅で白髪を染めている女性はたくさんいます。しかし、年を重ねるにつれ白髪の量は増え、自宅で染めるのが大変になります。

白髪染めが面倒なら、いっそのこと染めずに「グレーヘア」をめざすといいでしょう。 グレーヘアとは、白髪を活かしたヘアスタイルのこと。黒髪と白髪がうまく混じることで落ちついたグレー調の色になるのです。

白髪染めをやめてグレーヘアにすれば、染毛剤による髪へのダメージを防ぐこともできます。

なお、きれいなグレーヘアに見せるためには、ヘアサロンでカットしてもらったり、ヘアオイルやトリートメントで髪をケアしたりする必要があります。

Q79 夫の「タバコ代」「お酒代」がバカになりません。減らすいい方法はないですか？

A 禁煙・禁酒がベスト。無理なら小遣いを減らし、その範囲でやり繰りしてもらうのも一手。

近ごろは増税やインフレで、タバコやお酒の値上げが続いています。年金暮らしの高齢者にとって、嗜好品の値上げは頭痛のタネでしょう。禁煙・禁酒ができればベストですが、そう簡単にはいきません。

夫が愛煙家の場合は、健康のためにも医療機関を受診するようにすすめてみてはどうでしょうか。要件を満たせば、健康保険の適用で禁煙治療を受けられます。

お酒については、年を取れば自然に飲酒量は減っていきます。**晩酌はささやかな楽しみなので、無理にやめさせるのではなく、適量を守ってもらいましょう。**

どうしても出費がかさむなら、夫の小遣いを減らし、その範囲でやり繰りしてもらうのも1つの方法です。

Q80

「パソコン」や「スマホ」にかかる料金を減らすにはどうしたらいいですか？

A

スマホがあれば光回線は不要かも。通信キャリアが用意している格安プランの検討を！

自宅でパソコンを使うためには、光回線などのインターネット環境が必要になります。光回線の利用料は、集合住宅（マンションなど）で月額4000円以上、一戸建て住宅で月額5000円以上かかることが多く、かなり高い出費となります。

実は、多くの人が所有している**スマートフォン（スマホ）には、たいてい「テザリング」というデータ通信の機能があります。このテザリングを使えば、光回線がなくてもパソコンをインターネットに接続できるのです。**

そこで、インターネット接続をスマホに一本化して、光回線を解約すれば、パソコンやスマホにかかる費用を減らすことができます。

注意しなければならないのは、スマホのデータ通信量は、楽天モバイルなど一部の通信キャリア（回線事業者）を除いて一定量に制限されていることです。

例えば、ドコモの格安プラン「ahamo（アハモ）」の場合、データ通信量は最大100GB（月間）となっています。

主な通信キャリアが用意しているスマホの格安プランを左にまとめたので、参考にしてください。

主な通信キャリアの格安プラン

キャリア名	サービス名	料金・データ量
ドコモ	ahamo	月額2,970円（税込）で、20GB ※大盛オプション1,980円（税込）追加で100GB。
KDDI、沖縄セルラー	povo（データトッピング）	2,700円（税込）で、20GB（30日間）。 6490円（税込）で、60GB（90日間）。
楽天モバイル	Rakuten UN-LIMIT VII	月額3,278円（税込）で、無制限。 ※楽天回線エリアのみ。
ワイモバイル（ソフトバンク）	シンプルM	月額3,278円（税込）で、15GB。 ※繰り越しで最大20GB。
ビッグローブ（KDDI）	donedone	月額2,728円（税込）で、50GB。

※ 2023年２月28日時点の料金、サービス内容。

Q81 不要な「ダイレクトメール」がたくさん届きます。拒絶するにはどうしたらいい？

A 郵便物であれば簡単に拒絶できる。届いた郵便物に「受取拒絶」と書いて投函するだけ。

インターネットが普及した現在でも、販売促進を目的とした「ダイレクトメール」が郵送で届くことが少なくありません。送り主の多くは、過去に利用した店舗やクレジットカード会社などが多く、再来店を促したり、新サービスをすすめたりする内容が多いようです。

ダイレクトメールが不要なら、その送り主の郵便物を受取拒絶にしましょう。やり方は簡単。**送られてきたダイレクトメールに、赤いサインペンかボールペンで「受取拒絶」と書き、押印し（署名でも可）、ポストに投函するか、郵便局の窓口に持っていけばいいのです。**

なお、封書の場合は、いったん開封すると受取拒絶の対象外になるので注意してください。

Q82 家の「固定電話」はセールスの電話ばかりかかってきます。手放しても問題ないですか？

A 高齢者を狙う振り込め詐欺も多発。携帯電話などで対応できるなら解約したほうが無難！

今や誰もが携帯電話を所有する時代となり、家庭での固定電話の必要性はずいぶん薄れてきました。

近ごろ固定電話には、セールスの電話ばかりかかってきて迷惑しているという声をよく聞きます。また、振り込め詐欺（さぎ）の電話がかかってくる危険性もあります。

ですから、**家族全員が携帯電話を所有しているなら、自宅の固定電話は手放してもいいでしょう。**

固定電話を使いつづける場合は、ナンバーディスプレイで相手の電話番号を確認すること、知らない電話番号には出ないことを徹底しましょう。常に留守番電話にしておき、メッセージを残した相手だけに折り返し電話するやり方もおすすめです。

Q83 所有する「車」を運転するのは月に3〜4回だけ。処分すべきですか？

A 処分するのもOK。車のサブスク（カーリース）、レンタルなどの方法があり、困らない。

都市部など交通機関が発達したところに住んでいると、自家用車を持っていても運転する機会はかぎられるものです。それなのに自家用車には、毎年の自動車税や任意保険料、2年おきの車検整備代、自動車重量税などの多額の維持費がかかります。

食品・日用品の買い物、医療機関への受診など生活に不自由がなければ自家用車を処分してもいいでしょう。

車が必要なときは**レンタカー**、**カーシェアリング**を利用すれば、一時的に車を借りられます。また、毎月定額で新車に乗れる**「車のサブスク」**（カーリースの一種）という新サービスも登場しています。**これらを利用すれば、自家用車がなくても困らないでしょう。**

Q84 車の運転には自信があります。何歳になったら「運転免許証」は返納すべきですか？

A 自信があっても年を重ねるにつれて事故のリスクは高まる。返納すれば、お得な特典も！

年金暮らしの年代になると、視力が低下したり、判断力が鈍ったり、とっさのときに素早く行動できなくなったりします。いずれも自動車の運転にとってはマイナス要因で、交通事故を起こすリスクが高まります。

たとえ自動車の運転に自信があっても、体力や認知力の衰えを自覚したら運転免許証の返納を検討したほうがいいでしょう。何歳までに返納という決まりはありませんが、免許更新に認知機能検査と高齢者講習の受講が義務づけられる**75歳以上が1つの節目**になります。

返納して運転経歴証明書をもらうと、高齢者運転免許自主返納サポート協議会の加盟店で、タクシーやバスの運賃割引をはじめ、さまざまな特典を受けられます。

Q85 古くなった家の処分を考えています。トラブルが起こらない「家じまい」の方法は？

A 空き家は大きな社会問題。トラブルをさけるなら、不動産会社の仲介で売却するのが鉄則。

高齢者向け住宅などに住み替え、もとの古くなった家に誰も住まなくなったら、速やかにその家を処分しなければなりません。というのも、誰も住まなくなった「空き家」が今、大きな社会問題になっているからです。

2015年には「空き家対策特別措置法」が施行され、有害な「特定空き家」に指定されると税金が高くなることになりました。具体的には、特定空き家に指定されると、土地の固定資産税などが減額される「小規模宅地の特例」を受けられなくなるのです。その結果、小規模住宅用地（敷地面積200平方メートル以下）の場合、固定資産税は6倍、都市計画税は3倍の重税が課されます。

こうしたこともあって、最近は「家じまい」をする人が増えています。

古家を売却するさいは、不動産会社に仲介してもらうことが大原則です。そのさい、隣地との境界を測量したり、建築制限や権利関係を調査したりと、さまざまな手続きが必要になります。不動産会社に調べてもらったうえで、どのように売却すればいいか相談しましょう。

古家の売却には左の図のようなやり方があります。

古家の主な売却方法

◉ **古家付き土地として売る**
解体費用が不要なので、売却の費用を抑えられる。建物が残っているので、売却までの間、固定資産税の減税措置を受けられる。

◉ **古家を解体して更地で売る**
更地で売りに出せば買い手が見つかりやすい反面、解体費用がかかる。また、更地の場合は固定資産税の減税措置を受けられない。

◉ **買取りで売る**
不動産会社に買い取ってもらう売却方法。早く、確実に売れるが、買取りの相場は仲介で売却した場合の70～80%程度になる。

◉ **隣人に売る**
隣地が不整形地（台形、旗竿（はたざお）地など）の場合、隣人が買い取ってくれることがある。ただし、相手から極端な値下げを要求されやすい。

Q86 現在のお墓の処分を考えています。家族に負担をかけない「墓じまい」の方法は？

A 墓じまい、改葬は墓地管理者とのトラブルが多い。家族ともよく話し合ってから決めよう。

核家族化・少子化が進んだことや、お墓に対する考え方が変わってきたこともあり、最近では、**「墓じまい」**をする人が増えています。墓じまいとは、お墓からすべての遺骨を取り出して墓石を撤去し、更地にしてお墓の管理者（菩提寺（ぼだいじ）の住職など）に返却することです。

ただし、いったん墓じまいをしたら、以前の状態に戻すことはできません。ですから、事前に親族を含めて十分検討してから決めてください。

墓じまいをすると、手元に遺骨が残ります。その遺骨については、納骨堂や合葬・合祀（ごうし）墓などで永代供養をしてもらうか、散骨、手元供養（くよう）などの方法を選びます。最近では、木々の根元に散骨する樹木葬も増えています。墓じまいは「遺骨の引っ越し」ともいえるでしょう。

墓じまいは、お墓を処分してしまうことですが、自宅の近くにお墓を移したい場合は**「改葬」**という方法があります。改葬とは、現在のお墓に埋葬されている遺骨を取り出して、別の新しいお墓に移す（納骨する）ことをいいます。つまり、「お墓の引っ越し」のことです。

改葬のやり方には、①すべての遺骨を新しい墓地に移す、②すべての遺骨と墓石をまとめて新しい墓地に移す、③複数の遺骨がいっしょに納骨されていた場合に一部だけを移す、④分骨する、の4タイプがあります。

このうち、現在のお墓を処分して移転先に新たな墓石

墓じまいと改葬の違い

墓じまい＝遺骨の引っ越し

今のお墓から遺骨を取り出す
▼
墓石を撤去して更地に戻す
▼
遺骨を納骨堂、合葬墓・合祀墓、樹木葬などに移したり、散骨や手元供養を行ったりする

改葬＝お墓の引っ越し

今のお墓から遺骨を取り出す
▼
墓石を撤去して更地に戻す
▼
遺骨を新しいお墓に納骨

を建てる場合には❶が行われます。改葬の手続きの流れについては、左の図を参照してください。

ところで、墓じまい、改葬のどちらを行うにしても、トラブルが起こりやすいので注意してください。

まず、**墓地管理者である菩提寺の住職に事情をきちんと説明し、納得してもらったうえで離檀（りだん）することが大切です。**通常、離檀料を請求されることはありませんが、これまでお世話になったお礼として、お布施（ふせ）（数年分の維持管理費程度が目安）を渡すといいでしょう。

次に、**親族間で十分に話し合い、全員の合意を得ておく必要があります。**個人の都合だけで勝手に墓じまい、改葬を決めてはいけません。

また、墓石の撤去費用もトラブルの一因になるので、事前に石材店から見積りを出してもらいましょう。

改葬の手続きの流れ

1「受入証明書」の受取り

新しい墓地を用意し、移転先の墓地管理者に受入証明書（墓地使用許可証、永代使用許可証などともいう）を発行してもらう。

2「改葬許可申請書」の受取り

現在のお墓がある市区町村役場で改葬許可申請書を受け取る。

3「埋蔵証明書」への記名・押印

現在の墓地管理者の理解を得たうえで、埋蔵証明書に記名・押印をもらう。自治体によっては、2の改葬許可申請書の所定欄にお墓の管理者が記名・押印したものを、埋蔵証明書として扱う場合もある。

4「改葬許可証」の交付

現在のお墓がある市区町村役場に1の受入証明書、2必要事項を記入した改葬許可申請書、3記名・押印ずみの埋蔵証明書を提出し、改葬許可証を交付してもらう。

5 遺骨の取り出しと閉眼供養

現在の墓地管理者に改葬許可証を提示し、遺骨を取り出す。遺骨を取り出す前には、「閉眼供養」を行う。その後、石材店にお墓から遺骨を取り出してもらう。古い墓石を撤去し、更地にしてお墓の管理者に返却する。

すべての遺骨を取り出し、別のお墓に移さない場合には「墓じまい」となる。

6 新しいお墓への納骨と開眼供養

新しい墓地管理者に改葬許可証を提出し、以前のお墓から取り出した遺骨を納骨する。そのさいには「開眼供養」を行う。

第8章

暮らしを守るために やめていいこと ③カネについての疑問18

回答者

▶Q87～104◀

山本宏税理士事務所所長　税理士

山本 宏（やまもと ひろし）

山本文枝税理士事務所所長　税理士

山本文枝（やまもとふみえ）

高金利に目を奪われるのは禁物！お金を増やすならリスクを低く抑える堅実な投資を！

株式や投資信託への
投資の利益に対する
税優遇制度じゃ
通常20％の税金を
納めないですむ
非課税
いいねぇ！
退職金を全部
投資しよう
NISAは
非課税とはいえ
リスクがある
大切な老後資金を
リスクのある投資に
回してはいかん
そうよ
余裕資金を
充てるべきよ
リスク分散ができる
「つみたてNISA」に
余裕資金を
投資するのが無難じゃ
NISA
積立型の株式や
投資信託への
投資ってこと？
そのとおりじゃ
1年2年の短期で
見れば相場は
大きく変動するが
10年20年の
長期で見れば
相場はおおむね
右肩上がりで
推移する
毎月コツコツ
積み立てると……
10年20年後には
数％の利益を
非課税で
もらえるのね
投資じゃから
必ず利益が
出るとは
かぎらんがのぉ
つみたてNISAの
非課税期間は
20年じゃが
目標の3％を
超えたら
その時点で
解約して
利益を確定させる
といい！
手数料が
かかることも
忘れずにな
さらば

Q87 生命保険や医療保険の保険料が家計を圧迫しています。見直しのポイントは？

年金暮らしの人は、加入中の保険を整理し、保険料が高すぎないか、保障額は十分か、保障期間が適正かといったことを確認することが大切です。左ページに老後に必要な保険、不要な保険をまとめたので参照してください。

不要な保険はすぐに解約したほうがいい

年金暮らしで入っているといい保険は、終身保険、火災保険、地震保険（持ち家の場合）でしょう。

終身保険は、生涯にわたって死亡保障を受けられるうえ、解約しないかぎり一定の利率で返戻金が増えるので資産としての価値があります。また、火災保険、地震保険は、万が一の災害に備えて入っておくべきです。

逆に不要なのは、必要保障額を超えた掛捨ての定期保険や、健康保険でカバーできる医療保険、終身医療保険です。また、学資保険、個人賠償責任保険、民間の介護保険もいらないでしょう。不要な保険は、できるだけ早めに解約することをおすすめします。

A 保険料が高すぎないか、保障額が十分か、保障期間が適正かチェックし、最適化を図る。

日本人は民間の保険の加入率が非常に高く、多くの人がさまざまな保険に加入しています。

生命保険文化センター「生命保険に関する全国実態調査」（2021年）によると、生命保険の世帯加入率は89・8％、医療保険の加入率は93・6％、世帯年間払込保険料は37・1万円と報告されています。

その一方で、同調査では「どういった保障が必要なのか」について知識が不足している人が42・3％いることも指摘しており、保障内容を十分に把握しないまま保険に加入している傾向が見られます。

実際のところ、民間の生命保険・医療保険は、商品によって保障内容がまちまちであるうえ、貯蓄型の場合は、加入する時期によって利率が大きく変わります。

また、生命保険・医療保険以外の保険に加入している人もいるでしょう。

老後に必要な保険・不要な保険の判断の目安

	保険の種類	必要性	評価
生命保険	終身保険	◉必要	保険料の払込期間が終了した後も死亡保障が続く。終身払込みでなければ解約しないほうがいい。
	定期保険	×不要	必要保障額以上なら掛捨てなので解約すべき。同じ掛捨てなら、共済のほうがおすすめ。
	養老保険（死亡保障部分）	▲場合による	満期まで保険料を払わないと元本割れになる。満期まで解約してはいけない。
	学資保険	×不要	低金利により元本割れになる場合もあるので入らないのが無難。孫には別の方法で援助する。
医療・傷害の保険	医療保険	×不要	健康保険の高額療養費の払戻しがあるので、多くの場合、民間の医療保険は不要。
	がん保険	▲場合による	基本的には不要。しかし、両親ががんにかかっている家系なら加入を検討してもいい。
	三大疾病保険	▲場合による	基本的には不要。しかし、両親が心筋梗塞などで亡くなっている家系なら加入を検討してもいい。
	傷害保険	▲場合による	自転車に乗るなら加入を検討してもいい。自動車保険（任意保険）に付帯できる場合もある。
	共済（こくみん共済など）	▲場合による	生命保険に入っていない場合は、共済に加入すれば死亡保障も併せて受けられる。
貯蓄・老後・介護の保険	終身保険	◉必要	満期になった後も解約しなければ、一定の利率で返戻金が増える。
	終身医療保険（積立型）	×不要	医療保障は健康保険があれば十分。不利にならないタイミングで解約返戻金を受け取るといい。
	養老保険（貯蓄部分）	▲場合による	保障期間を過ぎ、満期になったら解約返戻金を受け取る。それまでは解約してはいけない。
	個人年金保険	▲場合による	利率が低く、外貨建てのリスクの大きい商品もある。新NISAやiDeCoを活用したほうがいい。
	介護保険	×不要	介護サービスや福祉用具の利用にかかる費用は、公的介護保険でカバーできる。
財産・賠償の保険	火災保険	◉必要	持ち家、賃貸ともに加入は必須。風災、雪災、水災、盗難などの保障も併せて受けられる。
	地震保険	◉必要	入っていないと、地震で家が損壊しても住宅ローンは免除されない。持ち家なら加入は必須。
	自動車保険（任意保険）	▲場合による	自家用車を所有しているなら加入は必須。傷害保険など、さまざまな保障を付帯できる場合もある。
	個人賠償責任保険	×不要	夫婦２人暮らし、独居の人には必要ない。自動車保険（任意保険）に付帯できる場合もある。

※上の表はあくまでも判断の目安。必要か不要かは、本人の事情によって異なる。

Q88 最近どんどん値上がりする電気代を減らすために、やめるべきことはなんですか？

A 電化製品を買い替える、消費電力の多い家電を中心に使い方を工夫するなど節約法は多い。

2022年にウクライナ紛争が勃発（ぼっぱつ）して以来、世界じゅうでエネルギー価格が高騰し、火力発電に頼る日本でも電気代はどんどん値上がりしています。

では、月々の電気代を減らすためには、どうすればいいのでしょうか。

経済産業省「平成30年度電力需給対策広報調査事業」によると、家電製品別の電力消費割合のトップ3は、1位がエアコン（夏季34・2％／冬季32・7％）、2位が冷蔵庫（夏季17・8％／冬季14・9％）、3位が照明（夏季9・6％／冬季9・3％）です。このトップ3だけで、電気代の6割程度を占める計算になります。

省エネ性能の低い旧型のエアコン、冷蔵庫、照明を使っている場合は、新型の製品に買い替えることで確実に電気代を節約できるでしょう。買い替えるさいには、必ず消費電力を確認します。そして、複数の製品を比較したうえで選ぶことが肝心です。

電気代を減らす基本は、消費電力の多い電化製品の使い方を見直すことです。特に、エアコンを使うときには省エネを心がけましょう（Q92参照）。

省エネ性能の電化製品に買い替える

エアコン、冷蔵庫、照明の消費電力だけで電気代の6割程度を占める。旧型の電化製品を使用している場合は、省エネ性能の高い新型に買い替えることで電気代を節約できる。

Q 89

年を取ったら火を使うのはやめるべきですか？ガス代の節約法も教えてください。

中でも節約効果が高いのは、ガス会社を切り替えることです。都市ガスが自由化されたことで、価格の安いガス会社を選ぶことができます。一度、現在の契約先と他社のガス料金を比べてみるといいでしょう（Q90参照）。

A

特に揚げ物は危険なので、火は使わないほうが無難。IHクッキングヒーターに替えよう。

年を取って物忘れが増えると、ガスコンロの火を消し忘れてしまうことがあります。**特に、揚げ物は引火する危険性が高いので、なるべくやめたほうがいいでしょう。**

火の消し忘れが心配なら、ガスコンロを電気の「IHクッキングヒーター」に替えましょう。IHクッキングヒーターは、火を使わないので消し忘れても火事が起こることはまずありません。また、ガスコンロよりも熱効率が高く、月間の電気代は毎日3食を調理しても約1068円。都市ガスを使った場合の約1389円よりも安くつきます（横浜国立大学「実調理研究結果」より試算）。

とはいえ、ガスは風呂や台所の給湯、床暖房などでも使い、私たちの生活になくてはならないものです。エネルギー価格が高騰している昨今、上手に節約しながらガスを利用したいものです。下の図に、ガス代を節約する方法をまとめたので参照してください。

ガス代を節約する方法

◉ プロパンガスを都市ガスに替える

プロパンガスよりも都市ガスのほうが割安。都市ガスを利用できるなら切り替えるといい。

◉ ガス会社を切り替える

2017年4月から一般家庭向けの都市ガスが自由化。安いガス会社を比較して選べる。

◉ 頻繁に風呂の追い焚き（だ）をしない

風呂の追い焚きの回数を1日1回減らすことで、年間6,190円※を節約できる。

◉ シャワーの利用時間を1日1分減らす

シャワーからお湯を出す時間を1日1分減らすと、年間2,070円※を節約できる。

◉ 電子レンジを上手に利用する

野菜の下ごしらえを電子レンジでやると、ガスに比べて年間860円以上※節約できる。

※資源エネルギー庁「省エネポータルサイト」より。

Q90 電気代・ガス代は「事業者を替えると安くなる」とは本当？ 事業者選びのポイントは？

A 乗り換える事業者によるが料金は安くなる。ネットの比較サイトで事業者を選ぶといい。

以前は、電気・ガスの契約は各地域を管轄する特定の事業者としかできませんでしたが、2016年に電気（家庭・商店用の低圧）の小売りが自由化され、2017年には都市ガスの小売りも自由化されました。今では、さまざまな事業者が電気や都市ガスの小売りをしており、その中から自由に選んで契約できます。

以前から契約している電気会社、ガス会社を自由化後も利用しているなら、ほかの事業者に乗り換えた場合、どれくらい料金が安くなるのかをシミュレーションしてみることをおすすめします。

乗換えの特典でキャッシュバックを行っている事業者も多く、初年度は電気代、ガス代ともに数千円から1万円くらいは年間料金が安くなります。加えて、乗換え2年目から年間料金がどれくらい安くなるのかを確認することが、事業者選びのポイントになるでしょう。

こうした事業者選びには、インターネットの比較サイトが便利です。自宅の郵便番号と、現在の電気・ガス料金を入力するだけで、料金が安くなる事業者の一覧が表示され、それらを比較して選ぶことができます。

インターネットの比較サイトが便利

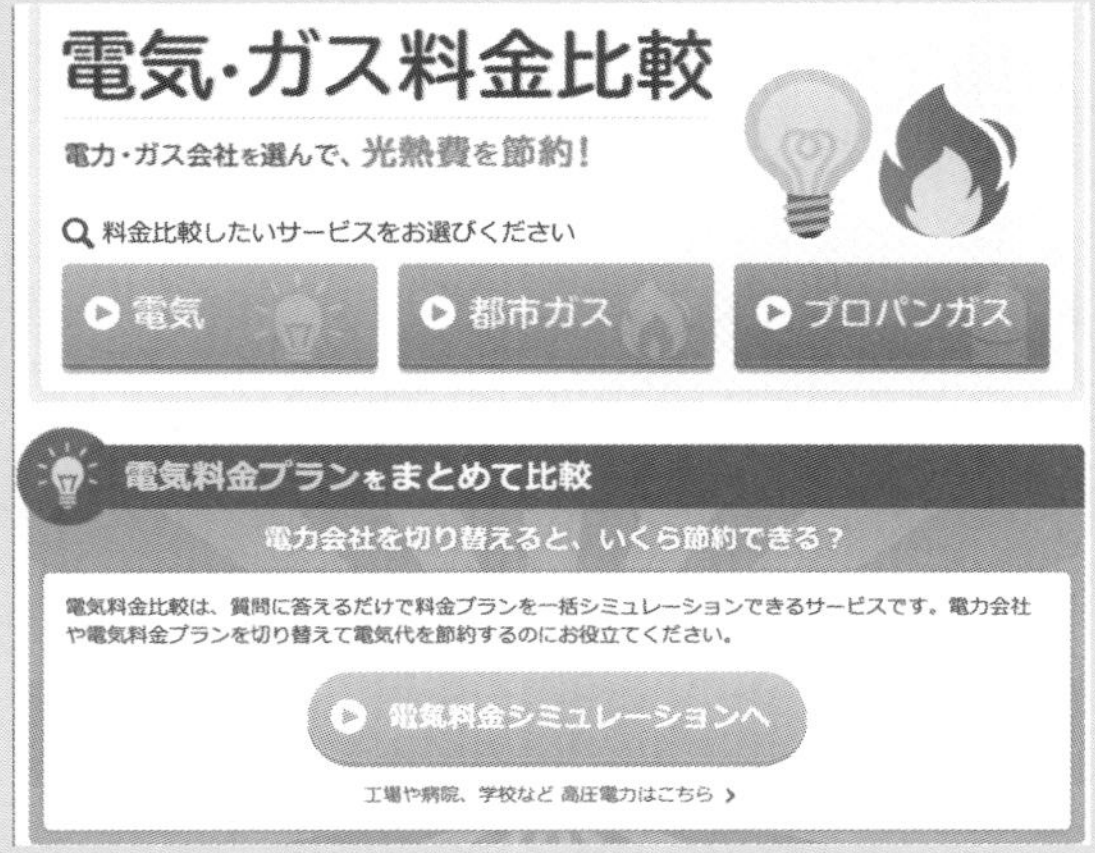

「価格.com」（https://kakaku.com/electricity-gas/）の電力料金シミュレーションが便利。ガス会社の比較なら、「エネチェンジ」（https://enechange.jp/gas）がくわしい。

Q91 風呂やトイレで大量に使う「水道代」を減らすために、やめるべきことはなんですか？

A ポイントは風呂・台所・洗濯・トイレ・洗面所の5つ。それぞれ水道代を削減するコツがある。

水道代には、定額の基本料金と、使った量によって課金される従量料金があります。基本料金は、1420〜1980円（水道メーターの口径により異なる）。これに従量料金が加算され、2ヵ月ごとに支払うことになります。

基本料金は必ず請求されるので、水道代を減らすためには従量料金を下げなければなりません。ポイントは、**❶「風呂」、❷「台所」、❸「洗濯」、❹「トイレ」、❺「洗面所」で節水を心がけることです**（下の図参照）。

一番簡単なのは、水の使用量を減らす節水アイテムを活用することでしょう。節水シャワーヘッド、節水蛇口、節水トイレ、蛇口に取り付ける節水コマなどがあるので、それらに交換すればおのずと水道代は減ります。

また、「水道を使いすぎていないか」と常に意識することも大切。例えば、食器を洗うときに水を出しっぱなしにしたり、少しの洗濯物だけで洗濯機を回したり、トイレで小のときに大のレバーを使ったりしている人は意外に多いものです。ささいなことかもしれませんが、そうした日々の無駄を見逃してはいけません。水道を使うたびに節水を意識してください。

水道代を節約する方法

❶ 風呂
シャワーヘッドを節水型に交換。１人暮らしなら風呂を沸かさずシャワーだけにする。

❷ 台所
節水蛇口を使い、食器は溜め洗いをする。食器洗い機を使うと、節水効果が高い。

❸ 洗濯
洗濯物はまとめて洗う（洗濯槽の７割程度が目安）。風呂の残り湯を利用するのも手。

❹ トイレ
節水型（通常よりタンクが小さい）のトイレに交換。小のときは大のレバーを使わない。

❺ 洗面所
蛇口に節水コマを取り付ける。洗面器で顔を洗い、コップを使って歯磨きをする。

Q92 暖房代や冷房代を減らすにはどうしたらいいですか？

A エアコンの温度を冷房なら1度C上げる、フィルターを掃除するなど減らす方法は多い。

一般家庭のエアコンの消費電力は、1年を通して全体の3割以上を占めます（Q88参照）。省エネ性能の高いエアコンを使うことが肝心ですが、ふだんの使い方しだいで暖房代や冷房代を減らすこともできます。

例えば、**冷房の設定温度を1度C上げる、暖房の設定温度を1度C下げる、使用時間を1日1時間短縮する、目づまりしたフィルターを掃除するといったことを心がけると、年間でかなりの電気代を節約できます**（下の図参照）。特に、冷房よりも暖房を使うときのほうが省エネ効果が高いことを覚えておくといいでしょう。

ほかにも、エアコンを使うときには、いくつか省エネにつながるコツがあります。

まず、ドア・窓をしっかりと閉めて、室内の気密性を高めることです。部屋に出入りするときは、ドアの開け閉めを最少にしましょう。

次に、窓はカーテンで覆い、夏季は日差しをカットし、冬季は外の寒気をさえぎります。

また、扇風機やサーキュレーターを使い、空気を部屋全体に循環させるのも効果的な方法です。

エアコンの使い方で電気代を節約

◉外気温31度Cのとき、エアコン（2.2kW）の冷房設定温度を27度Cから１度C上げた場合
→ **年間約940円の節約**（１日９時間使用）

◉外気温6度Cのとき、エアコン（2.2kW）の暖房設定温度を21度Cから20度Cにした場合
→ **年間約1,650円の節約**（１日９時間使用）

◉冷房を１日１時間短縮した場合
→ **年間約580円の節約**（設定温度28度C）

◉暖房を１日１時間短縮した場合
→ **年間約1,260円の節約**（設定温度20度C）

◉フィルターが目づまりしているエアコン（2.2kW）を清掃した場合
→ **年間約990円の節約**

※資源エネルギー庁「省エネポータルサイト」より。

Q93 クレジットカードを何枚も持っています。減らしたほうがいいですか？

A クレジットカードは1枚で十分だが、ネットの買い物ではバーチャルカードがあると便利。

クレジットカードの利用限度額は、年収150万円以下で10万～30万円程度、年収300万円以下で10万～50万円程度が一般的です。**年金暮らしの人なら、クレジットカードは1枚あれば十分でしょう。**

そもそも、クレジットカードの多くは年会費がかかります。ですから、クレジットカードを何枚も持っている場合は、利用頻度の高いものを1枚だけ残し、ほかは解約することをおすすめします。

ところで、最近はネットショッピングが一般化し、クレジットカードで決済する機会が増えています。しかし、インターネットのWEBサイトでクレジットカード情報を登録することに抵抗を感じる人もいるでしょう。

そこで**便利なのが、インターネット専用の「バーチャルカード」です。バーチャルカードは、セキュリティーが強化されているので、安心してインターネットで決済ができます。**また、バーチャルカードの買い物にもポイントが付与されます。

ネットショッピングをする機会が多い人は、バーチャルカードもうまく活用しましょう。

主なバーチャルカード一覧

カード名	年会費	支払方法・利用限度額
三井住友 VISA バーチャルカード	330円（税込）	支払方法：後払い 利用限度額：1ヵ月10万円
エポスバーチャルカード	無料	支払方法：前払い 利用限度額：エポスカードの限度額 ※要エポスカード
楽天バーチャルプリペイドカード	無料	支払方法：前払い 利用限度額：500円～3万円 ※要楽天カード
Vプリカ	無料	支払方法：前払い 利用限度額：1枚3万円 1回10万円
バンドルカードバーチャル	無料	支払方法：前払い 利用限度額：1回3万円 1ヵ月12万円
Kyash Card Virtual	無料	支払方法：前払い 利用限度額：1回10万円 ※本人確認未完了では1回3万円

Q94 「50％オフ」「期間限定」と聞くとつい買ってしまいます。余計な買い物をさける方法は？

A お得感に訴える商品の衝動買いはやめて「本当に必要な商品かどうか」を基準に判断を！

テレビショッピングの番組を見ていると、「50％オフ」「期間限定」などの謳い文句を目にすることがあります。そうした番組の商品は家電製品や健康食品が多く、思い切ったディスカウント価格や、期間限定のプレミアム感を打ち出すことで視聴者の購買意欲をかきたてます。

しかし、50％オフといってもメーカーの小売希望価格をもとにした割引なので、実際の店頭価格の相場よりも少し安い程度にすぎません。また、家電の場合は、型落ちの商品が多いことにも注意が必要でしょう。

以前から購入を検討していた商品ならともかく、そうでないなら安易に購入してはいけません。「本当に必要な商品かどうか」を基準に判断しましょう。

Q95 商品を買うほど多く貯まる「ポイント」目当ての買い物はやめるべきですか？

A ポイント目当ての余計な買い物はNGだが、効率よくポイントを獲得することは大切。

最近は、小売店が独自に発行するポイントカードだけではなく、決済機能を持つICカード、電子マネーアプリなど、ポイントを貯める手段が多様化しています。

ポイント目当てに余計な買い物をすることは本末転倒ですが、日々の買い物で効率よくポイントを獲得する習慣は身につけたほうがいいでしょう。お得にポイントを貯めれば生活費の足しにもなります。

おすすめはクレジットカードの利用。支払いのさいにクレジットカードと電子マネー、またはQRコード決済などを組み合わせると、ポイントの二重取りができます。例えば、クレジットカードを楽天カード、決済を楽天ペイにすると合計1・5％のポイントが貯まります。

Q96 老後資金の柱「退職金」は「もともとなかったものと考えるべき」とはどういうことですか？

A 定年後は投資の勧誘が多い。ないものと考え、もしもの備えとして大切に管理を！

年金暮らしの人にとって、定年退職時に支給される**「退職金」**は、老後資金の柱となる大切なものです。

そんな退職金が数百万円、あるいは１０００万円以上も預金口座に入金されると金融機関は黙っていません。ここぞとばかりに「資産運用を考えてみては？」と投資信託などの金融商品をすすめてきます。株やＲＥＩＴ（リート）（不動産投資信託）、為替などへの投資経験がなければ、セールスには耳を貸さないほうが無難でしょう。

年金生活に入った後は、大切な退職金をリスクのある投資に回してはいけません。たとえ利息がほとんどつかなくても、退職金はないものと考えて預貯金の口座に預けて、もしものときに備えましょう。

Q97 つい儲け話に乗ってしまいます。お金を「投資」で増やそうとする考え方はやめるべき？

A 投資話には耳を貸さないのが最大の自衛策。欲を出すと、つけ込まれて大損することに！

まとまった退職金が入ると、そのまま預貯金の口座に入れておいていいものかと考える人が多いようです。

しかし、**退職金などの老後資金をリスクのある投資に回してはいけません。老後資金は、ノーリスクの現金で保有するのが鉄則であると肝に銘じましょう。**

老後は、かぎられた年金収入で暮らすことになります。そして、要支援・要介護になったら施設へ入所する必要が生じるため、すぐに使えるまとまった現金を確保しておかなければならないのです。

年金生活をしていると投資話が舞い込むこともありますが、耳を貸さないのが一番の自衛策。ウソでもいいので、「貯金はない」といって勧誘を断りましょう。

Q98 「住宅ローン」が残っています。貯蓄に回すより返済を優先すべきですか?

A 手持ち資金が不足しない範囲で高利のローンを繰上げ返済するのが貯蓄よりはるかに有利。

住宅ローンは、定年退職までに完済しておき、余裕を持って老後に備えるのが理想です。しかし、完済年齢を上限の79歳にするなど、年金暮らしを始めた後に住宅ローンを抱えている人も少なくありません。

住宅ローンが残っていたら、まめに繰上げ返済を行い、早めに完済するのが基本になります。預金の利子よりも、住宅ローンの金利のほうが高いからです。

ただし、かぎられた老後資金を無理に繰上げ返済に充てる必要はありません。住宅ローンには団体信用生命保険（債務者が死亡または高度障害状態になったときなどに残高が完済される保険）がついているので、もしものときには、この保険で借入金は完済されるからです。

特に、変動金利で住宅ローンを借りている場合は、歴史的な低金利が続く間、じっくりと返済するのも悪くはないかもしれません（下の図参照）。

要は、手持ちの老後資金が不足しないように配慮しながら、バランスよく返済することが大切です。

なお、施設への入所などで持ち家が不要になったら、売却して住宅ローンを完済する方法もあります。

変動金利は低金利がまだ続く!?

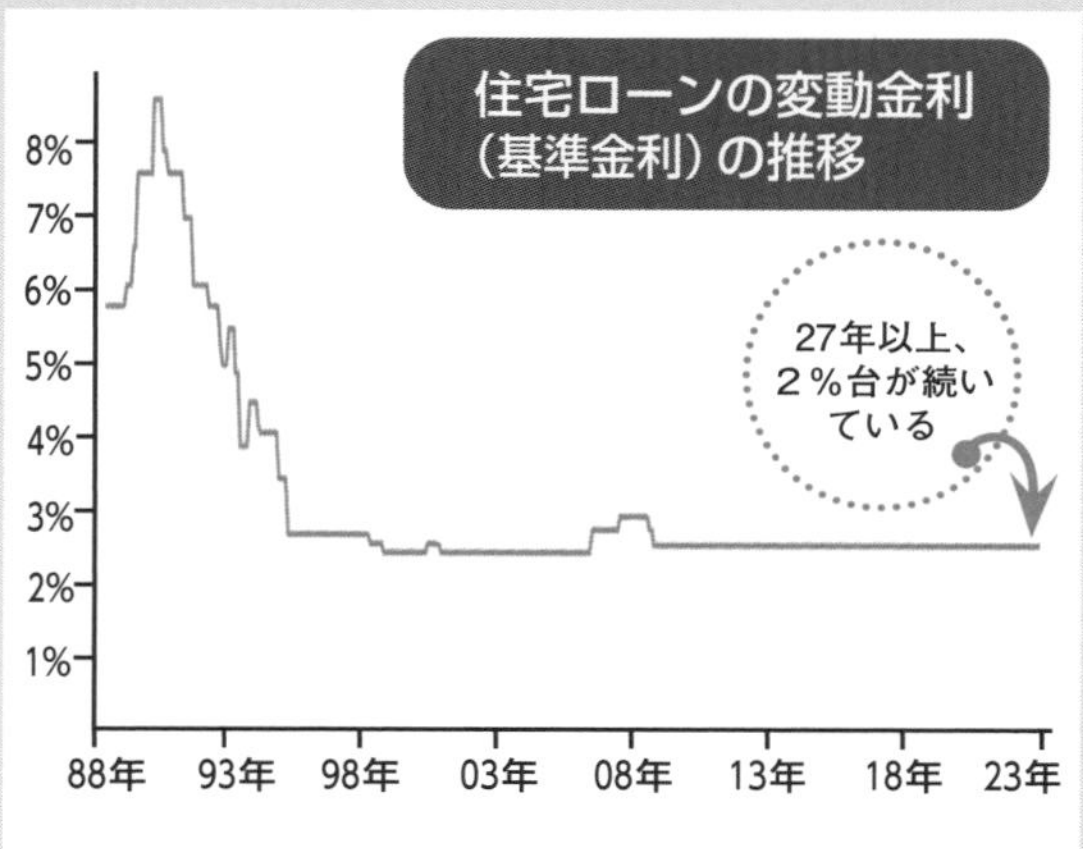

住宅ローンの変動金利は、一時期８％を超えたが、バブルが崩壊した1990年代から急低下。日本銀行のマイナス金利政策もあり、27年以上にわたり2%台の低金利が続いている。

Q99 親の財産は「もともとないものと考え当てにしてはいけない」と聞きました。なぜですか？

A 今の高齢者はとても長生きで、親の介護費用がかさみ、財産が残らないことも少なくない。

年金暮らしになった後も、親が健在という人は少なくないでしょう。しかし、**高齢になった親の財産を当てにしてはいけません。たとえ長生きでも、最期まで自立で生活できるとはかぎらず、晩年に介護が必要になって多額の費用がかかることも十分にありうるからです。**

生命保険文化センターの調べによると、平均的な介護の期間は5年1ヵ月。仮に、要介護3で特別養護老人ホーム（特養）に入居し、5年1ヵ月を多床室で過ごした場合は、合計で約551万円の費用がかかります（下の図参照）。これには医療費が含まれないので、実際にはもっと費用がかかると考えたほうがいいでしょう。また、要介護度が上がったり、介護を受ける期間が長くなったりすると、その分、費用の総額は増えます。

この試算で仮定している特養は待機者が非常に多く、入居までに数年かかることがあります。そのため、順番が回ってくるまで、一時的に費用の高い介護付き有料老人ホームに入らなければならないことも考えられます。

親の財産は元々ないものと考え、晩年にかかる介護費用に充てることを優先しましょう。

介護の期間とその費用

- **介護の平均的な期間**
  ➡ **平均5年1ヵ月**
  ※出典：公益財団法人生命保険文化センター
- **特別養護老人ホーム（多床室）に入居した場合の月額費用（30日）**
  ➡ **要介護３で月額平均9万360円（住民税課税）**
  ※出典：厚生労働省
- **要介護の全期間、特別養護老人ホームに入居した場合の費用**
  ➡ **5年1ヵ月で約551万円**
  ※多床室、要介護３で計算

Q100 子供のためには「財産を遺す・遺さない」のどちらのほうがいいのでしょうか？

A 親の遺産をめぐって子供どうしが争うことも多い。多額の財産は遺さないことも親の務め？

親なら誰でも、「子供には財産をたくさん遺したい」と思うものです。しかし、子供が何人もいる場合、多額の財産はかえって相続トラブルの火種になります。

子供に財産を遺す場合は、「3000万円＋600万円×法定相続人の数」が目安になります。これは、相続税の基礎控除の計算式。例えば、法定相続人が2人なら「3000万円＋600万円×2」で4200万円までが非課税になります。それ以上の財産には税金がかかり、子供のためにならないことも考えられるので、自分の老後を充実させるために使うといいでしょう。

なお、相続トラブルを未然に防ぐためには、法的な効力のある遺言を遺しておくことが重要です。

Q101 年金暮らしの今でも頼ってくる「自立した子供」への援助を断つにはどうしたらいい？

A 自立した子供なら扶養義務はない。子供の自立心を育てるためにも、きっぱりと断ろう。

年金暮らしをしている人の子供は、すでに働いていて経済的に自立していることが多いでしょう。

しかし、結婚するとマイホームの購入資金や教育資金が必要になり、本人の収入だけでは生活費が足りず、両親に金銭的な援助を求めてくることがあります。住宅ローンの頭金の援助くらいならともかく、毎月の返済まで援助することになったら大変です。

経済的に自立している子供なら、親には扶養の義務はありません。**子供からお金の援助を求められても、「自分にも老後の生活があるから応じられない」といって、きっぱりと断りましょう。**早いうちから、子供の甘えを断ち切ることが肝心です。

Q102 孫のために入る「学資保険」は元本割れの状況と聞きました。加入しないほうがいい？

A 積立預金など、ほかの援助方法を考えるべき。もちろん、援助しなくても全く問題なし。

近年、学資保険は、低金利の影響で保険会社が利益を出せない状況が続いています。返戻金（祝い金や満期返戻金の総額）が支払保険料の総額を下回って、元本割れになるケースも発生しています。

また、祖父母が孫の学資保険の契約者になる場合には、年齢制限があったり、健康状態の告知が必要になったりするなどハードルが高くなります。

ですから、**学資保険には加入せず、別の援助方法を考えたほうがいいでしょう。**例えば、祖父母が30歳未満の孫に教育資金を一括贈与する場合、特例で1500万円まで非課税になります。この贈与は、信託銀行などの金融機関に受贈者名義の専用口座を開設して行います。

Q103 孫やひ孫に渡す正月の「お年玉」はなかなかやめられません。どうしたらいいですか？

A あらかじめ「高校生まで」などと宣言するといい。孫・ひ孫で不公平にならない配慮も必要。

毎年、孫（あるいはひ孫）に渡すお年玉は、年金暮らしの高齢者にとって大きな負担になります。

例えば、孫が5人いる場合、毎年1人につき1万円ずつ渡したら10年で50万円、20年で100万円もの出費になります。ほかにも、出産祝いや進学祝いなど、ライフイベントのたびに出費がかさみます。ですから、お金の管理はしっかりとしなければなりません。

孫には、前もって「お年玉をあげるのは高校生まで」などと宣言すればいいでしょう。本人も大きくなったら、祖父母のお金を頼りにしなくなるものです。

なお、孫・ひ孫にお年玉を渡す場合は、不公平にならないように同じ金額を包むといいでしょう。

Q104 私の財産は約3000万円です。相続対策として「生前贈与」は行うべきですか？

A 財産が3000万円なら相続税はかからない。内縁の妻がいるなら生前贈与を検討する。

Q100でも説明したように、子供に財産を遺す場合は、「3000万円＋600万円×法定相続人の数」が相続税の基礎控除で、それ以下なら非課税になるのです。

質問のように**財産を3000万円持っている場合は、全額を遺しても相続税はかからないので、「生前贈与」をする必要はありません。**

ただし、法定相続人以外に財産を渡したいと考えているのであれば話は別です。例えば、内縁の妻がおり、身の回りの世話をしてもらっているようなケース。内縁の妻には相続の権利がないので、財産を渡したいと希望するなら法務局に遺言（自筆証書遺言、公正証書遺言など）を遺すか、生前贈与をするしかありません。

法定相続人がいる場合、遺言を遺しても遺産分割協議でもめることが予想され、内縁の妻が遺産を受け取れるかどうかは不透明です。ですから、生前贈与が最も確実な方法といえるでしょう。

なお、生前贈与をする場合、年間110万円までなら贈与税はかかりません。

生前贈与のメリット・デメリット

メリット	◉相続財産を減らして相続税を節税できる ◉法定相続人以外にも財産を譲れる（財産を贈与する時期や相手を自由に選べる） ◉贈与者の意思を関係者に直接伝えることで相続トラブルを防げる ◉暦年贈与なら年間110万円まで非課税となる ◉相続時精算課税制度なら2,500万円まで非課税となる（相続税の申告が必要）
デメリット	◉控除額を超える贈与には高い税率の贈与税がかかる ◉基礎控除を超えると贈与税が課される ◉相続発生前３年以内に行った贈与は相続税の課税対象になる（2024年以降は７年以内） ◉遺留分を侵害すると、遺留分侵害額請求が行われる可能性がある

特別付録2 年金暮らしでやめられたことチェックシート

●実際にやめられたことや捨てられたことがあれば、該当する下記項目の□に✓を！
●すべて実行する必要はない。あなたの事情に合わせて、できることを実行するといい。

	やめられたこと・捨てられたこと	参考ページ
□	人に見栄を張ってしまう自分を変えることができ、気持ちが楽になった。	96ページ
□	「人からケチと思われたくない」と思うことがなくなった。	97ページ
□	「酒席」や「会食」に誘われても、気が乗らないときには断るようになった。	97ページ
□	「冠婚葬祭」の招待状が届いても、出席したいという気持ちがなければ、先方に失礼のないように断るようになった。	98ページ
□	「入院中のお見舞い」は迷惑なので、事前にうまく断るようにしている。	99ページ
□	「夫の親への連絡」を妻の自分が行うことはやめ、夫に任せるようになった。	99ページ
□	子供から「同居」を提案されたが、さまざまな事情を考慮して断った。	100ページ
□	子供から頼まれた「孫の子守」は、体力に自信がないなどの理由で断った。	101ページ
□	「亡くなった親の法事」を主催することをやめた。または、法事に招かれても気が乗らなければ参列を断るようになった。	102ページ
□	「年賀状じまい」の作法を守ったうえで、年賀状のやり取りをやめた。	106〜107ページ
□	親族との「お歳暮」や「お中元」のやり取りは、自分にも先方にも余計な負担になるので、一切やめた。	108ページ
□	毎年贈っていた「孫やひ孫の誕生日プレゼント」は、うまくやめることができた。	108ページ
□	毎日の献立や作り置きなどをやめることで、台所仕事がだいぶ楽になった。	109〜110ページ
□	料理を毎日作ることをやめ、たまには外食やテイクアウトで料理の手間を省いている。	111ページ
□	買い物の「商品の持ち帰り」は大変なのでやめ、スーパーなどの配送サービスを利用するようになった。	111ページ
□	服をたたんだり、アイロンがけをしたりすることをやめることで、洗濯がだいぶ楽になった。	112〜113ページ
□	掃除を毎日欠かさず行うことはやめ、玄関マットや台所マットなどの処分もしたため、掃除がだいぶ楽になった。	112〜113ページ
□	ふだんから小掃除を行うことで、年末恒例の「大掃除」をやめることができた。	113ページ
□	使わなくなったバッグや服などの「ブランド品」を売却し、身の回りのものを整理した。	114ページ
□	若いころと違う年齢に合った化粧をすることで、化粧品代を節約している。	115ページ
□	目立つようになった白髪を自分で染めることをやめ、グレーヘアなど自然なヘアスタイルを楽しむようになった。	116ページ
□	タバコ代やお酒代を減らすことができた。	116ページ

	やめられたこと・捨てられたこと	参考ページ
□	パソコンやスマホの料金を減らすことができた。	117ページ
□	ダイレクトメールは郵便受けにたまってしまうので、不要な迷惑メールは「受取り拒絶」にした。	118ページ
□	スマホを持っているので、セールスの電話ばかりかかってくる家の「固定電話」は手放した。	118ページ
□	「車」はあまり乗らなくなったなどの理由で、手放した。	119ページ
□	運転には自信があるが、重大な自動車事故を起こさないうちに「運転免許証」は返納した。	119ページ
□	古くなった自宅や実家を処分するなど、早めに「家じまい」を行った。	120ページ
□	遠方にある現在のお墓を処分するなど、早めに「墓じまい」を行った。	121ページ
□	生命保険や医療保険の見直しを行い、無駄な保障を削ったことで、毎月の保険料負担が軽くなった。	126～127ページ
□	「電気代」は、電化製品の買替えで電気の使用量を減らすなどして節約している。	128ページ
□	「ガス代」は、火を使うのは危険なので、特に揚げ物をやめてガスの使用量を減らすなどして節約している。	129ページ
□	「電気・ガスの事業者」は料金の比較サイトを利用するなどして、最も安い事業者に乗り換えた。	130ページ
□	「水道代」は、風呂や台所、トイレの水の使用量を減らすなどして節約している。	131ページ
□	「暖房代」「冷房代」は、エアコンのフィルターを掃除するなどして節約している。	132ページ
□	クレジットカードは各種取引を1枚に集約し、ほかのカードはすべて解約した。	133ページ
□	「50％オフ」「期間限定」といった広告に目を奪われず、必要なものだけを買うようになった。	134ページ
□	お得感のある「ポイント」を貯めることを目的として、余計な買い物はしない。	134ページ
□	「退職金」はもともとなかったものと考え、リスクのある投資には回していない。	135ページ
□	「投資でお金を増やそう」という考えは捨て、お金は安全・着実に運用している。	135ページ
□	住宅ローンは若いころから繰上げ返済を行うなどして、すでに完済した。	136ページ
□	「親の財産を当てにする」という考えは捨て、もともとないものと考えている。	137ページ
□	「子供に多額の資産を遺そう」という考えは捨て、自分のために使っている。	138ページ
□	自立した子供から援助を求められても、キッパリ断るようになった。	138ページ
□	孫のための「学資保険」の加入はやめ、別の形で教育資金を貯めている。	139ページ
□	孫やひ孫への「お年玉」は、条件（12歳までなど）外なら渡さないことにした。	139ページ
□	自分にとって「生前贈与」は相続税対策にならないとわかったので、行わない。	140ページ
□	腰やひざを傷めやすい激しい運動はやめ、軽めの運動を始めた。	153ページ

第9章

暮らしを守るために やめては いけないこと についての疑問13

回答者

▶Q105～117◀

佐藤正明税理士・社会保険労務士事務所所長
税理士　社会保険労務士　日本福祉大学非常勤講師
佐藤正明（さとうまさあき）

仕事・家事・運動・趣味、楽しむこと、生きがいなどやめていけないことは実に多い

年金暮らしであっても暮らしを楽しむことまでやめてはいかん
そのために大事なのは健康じゃ
適度な運動と栄養バランスの取れた食事が健康にいいといわれておる
おれテニスでひざを傷めた
太りすぎだからよ!
妻・久子(63歳)
大久保徹次(64歳)
年金博士
激しい運動はやめてウォーキングなどの軽い運動を続けることじゃ

できれば65歳以降も仕事は続けたほうがいいぞ
仕事は体や頭を使うので健康維持にも認知症予防にもつながる
辞めるつもりだったのに
頑張ってよ私だって毎日の食事頑張って作ってるんだから

たまには2人で外食を楽しんだらいい
そうだな!働いて給料があればなんとでもなる息子夫婦も呼んでファミレスでランチだ
!
おれたちとランチだって
いいね!
コンチハ!
翔太の妻・晃子
翔太の子・健太
長男・翔太

おじいちゃん
お小遣い
おう!
いけません
甘やかすのは!
いいだろ
健太はおれの
生きがいだ
本来お金は
労働の対価として
受け取るものじゃ
何もしないで
受け取ると
お金を大切にせず
浪費グセが身に
ついてしまうぞ
じゃあ
お使いを
頼もう
健太
お団子
買ってきて
へーい!
年金暮らしでは
生活費を削ることも
大切じゃが
みんなで
楽しむものまで
削ってはいかん
楽しいことは
生きがいに
つながるからのぉ
生きがい
あなたも何か
趣味を持ったら?
ゲート
ボールって
楽しい
らしいぜ
テニス
より
いいな
楽しいことは
続ける
あるいは
新しく始める
そうすれば
年金暮らしは
より充実し
幸せにつながって
いくのじゃ
お団子
買って
きたよ〜
よし
お駄賃だ
博士にも
はい
ホホー
わしの
講義への
対価じゃな

Q105 年金暮らしで「これだけはやめてはいけないこと」はなんですか？

A 自分でできる仕事や運動、生きがいにつながる日課や趣味、人の役に立つことなど数多い。

年金暮らしというと、働かずに年金で暮らすことと考える人もいますが、それは誤解です。会社勤めのころと同様に、**規則正しい生活を送り、テレビや新聞、ネットなどで情報を集め、人と会話をし、体を動かすといった生活習慣をやめてはいけません。大切なのは、「生きがい」を感じられる新しい生活を構築していくことです。**

それまで会社人間だった人は何をするにも仕事が中心で、地域社会や家庭の中で浮いた存在になっていることも考えられます。まずは1人の自立した人間として、自分で考え、行動することです。これまでの仕事で得たスキルや得意分野を生かして短時間だけ働いてみたり、起業など新しいことにチャレンジしたり、自分のペースでできることを継続的に行っていきましょう。

趣味や仕事の延長から、生きがいを見出すことも可能です。例えば、ゴルフが趣味ならフェアウエイを歩くような感覚でウォーキングを始める、カラオケが好きなら楽器の演奏にも挑戦してみる、旅行が趣味なら外国語を学ぶなど、きっかけはなんでもかまいません。

どうしても思いつかなければ、先に年金暮らしを始めた〝人生の先輩〟に相談してみるのもいいでしょう。大切なのは継続することと仲間を作ること。無理をせずに、趣味やボランティアなど、なんでもいいので社会とつながる生き方を実践しましょう。

継続したい生活習慣

○ 規則正しい生活
起床時間と就寝時間をなるべく一定に保つ。

○ ルーティン（日課）を持つ
朝ドラを見る、朝の散歩を習慣にする、植木に水をやる、図書館に行く、など。

○ 情報を得る
新聞、ネットニュースなどで世の中の動きを知る。

○ 人と会話する
毎日５分以上、誰かと話す。対面でも電話でもいい。

○ 体を動かす
ウォーキング、体操、家事などできる範囲で行う。

Q 106 「食費」が家計の支出の3割以上を占めています。とことん切りつめるべきですか?

A 食事は健康維持に欠かせない最大要素。安くつくレトルト食品などですますのは禁物。

家計が厳しいときに、まず思いつくのが「食費」の節約でしょう。しかし、**栄養バランスの取れた食生活は、快適な年金暮らしを維持するための基本です。栄養バランスを維持したまま、食費を抑える工夫をしてみてください。**できる範囲で続けることがポイントです。

❶外食の回数を減らす

外食ばかりでは栄養が偏りがちになります。外食を減らすことは食費の節約だけでなく、健康維持にもつながります。「外食は月に一度まで、いくらまで」といった具合に、予算や回数を決めておくといいでしょう。

❷食品の買い出しは3日に1回程度にする

毎日のようにスーパーやコンビニに行くことはさけましょう。余計なものを買い込んでしまう原因となります。また、必要な物をリスト化しておきましょう。大まかな予算を立てておき、特売日を狙(ねら)って買い物をすれば、食費を少しずつ減らすことができます。

❸食品ロスを出さずに使い切る

料理は、旬(しゅん)の安い食材や特売品を使うと、節約につながります。ただし、安いからといって大量に買うと、腐らせるなどして食品ロスの原因に。使い切れる量だけ買うほうが、結果的に節約になります。

❹お弁当やマイボトルを習慣にする

出先で買うお弁当代やドリンク代の高さに驚いた人も多いはず。外出時には、お弁当やマイボトルを持参して食費を削りましょう。

❺冷凍食品と冷凍庫を活用する

余った生鮮食品はできるかぎり冷凍し、必要なときに解凍して使うようにしましょう。市販の冷凍野菜は価格も比較的安定しており、使いたいときにすぐ使えるのでとても便利です。料理に野菜をプラスすることで、栄養のバランスもよくなります。

Q107 外出時にはおしゃれを楽しんでいます。「服飾費」はどれくらいに抑えればいいですか？

A 支出の5％以下が目安。無駄な服飾費は削るべきだが、おしゃれまでやめる必要はない。

「衣食住」というように、**「服飾費」**も人が生きていくために欠かせない費用です。

一般的な家庭では、収入に対して食費が15～20％程度、住居費が25～30％程度といわれています。それに対し、服飾費はかなり少なく抑えられており、2～3％が望ましいとされています。

つまり、**年金暮らしの収入が月に20万円なら、服飾費は1ヵ月当たり4000～6000円程度です。この金額に化粧品代などを含めたとしても、1万円以下に収めることが理想といえるでしょう。**

とはいえ、洋服などは毎月購入するわけではないので、年間のトータル費用を見たうえで「買いそろえ方」と「着こなし（着回し）方」を考えることが大切です。服飾費削減のポイントを、ステップ別の図にしたので参考にしてください。

服飾費削減のポイント

ステップ❶ 着ない服は思い切って捨てる	自宅のクローゼットをよく見て、どんな服があるのか把握する。３年以上着ていない服やサイズが合わない服、同じようなデザインの服があったら思い切って処分する。
↓	
ステップ❷ 衝動買いはNG！予算内で検討する	見た瞬間に欲しくなった服があったとしても、予算内で買えるかを考えてみること。また、絶対に欲しいのか、冷静になって考える。欲しい服と似合う服とは違うので、試着してみることも大切。
↓	
ステップ❸ 流行よりも定番物を選ぶ	流行に左右されない定番ファッションは、少々高くても長い間着られるので費用対効果は高い。流行のファッションは1シーズンしか着られないこともあるので、リーズナブルなファストファッションでの購入も検討する。
↓	
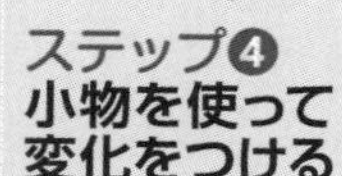 ステップ❹ 小物を使って変化をつける	同じ洋服でも小物をプラスしたり、コーディネートを変えるだけで、違った魅力が演出できる。地味な色だけではなく、明るい色を選んだり、帽子やスカーフをアクセントにしたりするのもいい。

108 家賃や住宅ローン、修繕費などの「住居費」はどれくらいに抑えればいいですか？

A 賃貸や分譲、戸建て、マンションなど住宅の種類によって違う。目安は年収の20%以下。

「住居費」は居住地や建物の形態（一戸建て・集合住宅）、持ち家か賃貸かなどによって大きく異なります。

かつて、住居費は収入の3割が目安とされていました。しかし、それは給料が右肩上がりだった時代の話。近年は給料が増えず、今後の金利の引上げなどによって予定どおりに住宅ローンを払えなくなるケースも珍しくありません。まして**年金暮らしであれば、年収の20%以下に抑えたいところです。**

都市部で暮らしている人の場合、引っ越しを検討してみるのもいいでしょう。

賃貸の場合、都市部の家賃は高額になるので、収入に見合った地方への引っ越しも有力な選択肢となります。引っ越し代などのまとまった出費はかかりますが、長期的には節約になります。また、長年住んでいる賃貸物件では経年劣化が進んでいるため、家賃の引下げ交渉をしてみるのもいいでしょう。

子供が独立した後なら、今より狭い住居へ引っ越すことも選択肢の1つ。ただし、全く知らない場所への転居など、大きな環境の変化はストレスが重くのしかかる一因となります。できるだけ馴染みのある土地や、知人や友人がいる地域を選びましょう。

持ち家の場合には、将来のリフォームへの備えが必要です。集合住宅なら大規模修繕費の積立てがありますが、それはあくまでも共有部分のためのもの。自分の専有部分のリフォーム、例えば台所や風呂などのリフォームを視野に入れ、一定額を準備しておきたいものです。一戸建て住宅なら、すべてのリフォーム費用を自分で支払わなくてはなりませんが、少しずつ定期的なメンテナンスを行っておけば住宅は長持ちします。

先々にバリアフリーのリフォームを考えているなら、介護保険などの補助金が支給される場合もあるので、自治体の窓口に相談してみるといいでしょう。

Q109 年々増える「医療費」は抑えるべきですか？抑えるいい方法はありますか？

A 無理して抑えなくていいが、ジェネリック、医療費控除、ポイント取得などの方法がある。

病気になったら、できるだけ早く必要な医療を受けなくてはなりません。「医療費」がもったいないなどと考えて、受診を控えて重症化すれば、かえって出費が増えてしまいます。**医療費を抑えるには、充実している日本の医療制度を賢く使いこなすことが大切です。**

❶ジェネリック（後発）医薬品を使う

先発医薬品とジェネリック医薬品は、品質も効果も同等です。粒を小さくしたり苦みを抑えたりして、飲みやすくなった薬もあります。最大で6割も安くなる場合もあるので、積極的にジェネリックを利用しましょう。

❷自治体の健康診断を受ける

自治体が実施する無料の健康診断や、メタボリックシンドロームに着目した特定健康審査（500円程度。自治体による）を受ければ、健康管理に役立ちます。各種予防接種に対する助成金がある自治体も多いので、まずは窓口で確認しましょう。

❸かかりつけ医を作る

日常的な診療や健康管理を行ってくれる、かかりつけ医を作りましょう。何かあったとき、とても頼りになります。また、かかりつけ医などの紹介状なしに大病院を受診すると、高額の初診料がかかってしまいます。

❹開院時間内に診療を受ける

救急救命治療が必要な場合は別として、医療機関が定めている診療時間外に受診すると、通常より多額の費用がかかります。診療時間外の受診はさけましょう。

❺医療費控除を活用しよう

1年間に支払った医療費が10万円（総所得金額が200万円未満の場合は所得の5％）を超えると、確定申告で医療費控除が受けられます。また、一部のスイッチOTC薬（医師の処方が必要な薬を薬局販売用に転用した薬）を購入すると、「セルフメディケーション税制」による所得控除が受けられます（医療費控除との選択制）。

Q110 年金だけで十分に生活できますが、今も継続雇用で働く「仕事」は続けるべきですか?

A 仕事を持つことは経済面だけでなく健康面にもプラスに作用する。できれば続けるべき!

日本の定年年齢は年々引き上げられており、2021年には「高年齢者雇用安定法」の改正によって、本人が望めば、70歳まで働きつづけられるような環境が整いつつあります。

具体的には、今回の改正では、65歳までの雇用確保が義務づけられ、65歳から70歳までに対しては、次のような努力義務が設けられました。

❶70歳までの定年の引上げ
❷定年制の廃止
❸70歳までの継続雇用制度(再雇用制度・勤務延長制度)の導入
❹70歳まで継続的に業務委託契約を締結する制度の導入
❺70歳まで継続的に事業主が自ら実施する社会貢献事業、または事業主が委託・出資する団体が行う社会貢献事業に従事できる制度の導入

この改正により、定年を迎えた後も、他社への再就職や創業支援、社会貢献活動など、働き方の選択肢が増え、複数の形態を組み合わせることも可能になりました。どんな働き方を選ぶかは労使間で協議し、高齢者の希望を尊重するよう定められています。

年金は原則として65歳から受給できるので、年金暮らしをしながら働くという選択もできるようになりました。もっと年金の受給額を増やしたい場合には、働きつづけて収入があるうちは年金をもらわず、繰下げ受給(最長で75歳になるまで可能)をすることも検討してみるといいでしょう。

年金暮らしを始めたら、無理や我慢を重ねてまで働く必要はありません。しかし、継続雇用であれ、転職であれ、起業であれ、ボランティア活動であれ、どんな形であっても、**働いていると「社会とのつながり」を維持することができます。そして、働く喜びや、誰かに感謝されるという生きがいの源泉にもなる**はずです。

Q111 80代・90代になっても働ける仕事はありますか？それはどんな仕事ですか？

A 元気なら何歳でも就労は可能。雇用を継続、手に職をつけるなど仕事を続ける手段は多い。

年金暮らしを始める前まで続けていた仕事の経験を活かせば、70歳・80歳・90歳と年齢を重ねてもできる仕事はあるはず。**自分の得意分野に関する仕事、例えばコンサルティングやアドバイザー、事務作業やパソコンのスキルを生かす仕事なら在宅ワークも可能です。**

シニア世代向けの求人は、体力に自信がある人なら製造業の梱包（こんぽう）や加工、食材の下ごしらえ、サービス業の接客、介護関連業務、マンション管理、警備、清掃業務、女性なら家事代行業などに多く見られます。

デジタル機材を使うのが得意であれば、ユーチューバーやブロガー、インスタグラマーに挑戦してみてはどうでしょう。実際に80歳以上の人も活躍しています。

Q112 年金暮らしでも毎日の「家事」は大変です。自分でやれるうちは続けるべきですか？

A 家事は頭や体を使うため健康維持にも老化予防にもつながる。なるべく長く続けるべき。

主婦業を長く続けてきた女性の中には「家事は私がやらなければ」と思い込んでいる人がいますが、そんなことはありません。仕事を離れた夫が家にいるなら、夫の身の回りのことを夫にやってもらったり、夫婦で分担を決めたりするなど、新しいルールを作りましょう。

掃除、洗濯、料理などの手順を考えながら家事を行うことは、心身の健康維持に役立ちます。

ただし、無理をして体調をくずしてしまっては元も子もないので、楽をすることも考えましょう。例えば、宅配サービスや高機能の家電（ロボット掃除機など）を活用するなどして効率化を図れば、家事をつらいと感じることなく楽しみながらできるようになるでしょう。

Q 113

日課としているウォーキングがつらくなりました。年を取っても「運動」は続けるべき？

A

運動は健康維持に不可欠。散歩などのより軽い運動に変え、体を動かすことを心がけよう。

日課として目標を決めて運動を続けることはとてもよい習慣です。しかし、無理をしてはいけません。心理的にも「できない」という負担を感じると、ストレスがたまります。

ウォーキングがつらければ、それより軽い散歩やストレッチなど、負担を感じないで続けられる運動を検討してみてください。できる範囲で毎日少しでも体を動かし、筋肉が衰えないように気をつけましょう。

年を取ってもできる軽い運動

◉足の後ろ上げ

イスの背に両手でつかまり、上体を前に傾けて、ひざを伸ばしたまま片足をゆっくり後ろに上げる。1秒かけてもとの姿勢に戻る。

◉4分の1スクワット

イスの背に片手でつかまり、両足を肩幅より少し広めに開いて立つ。背すじを伸ばしたまま「1・2・3・4」と数えながらゆっくりひざを曲げて腰を落とす。同じテンポでゆっくりもとの姿勢に戻る。

◉つま先立ち

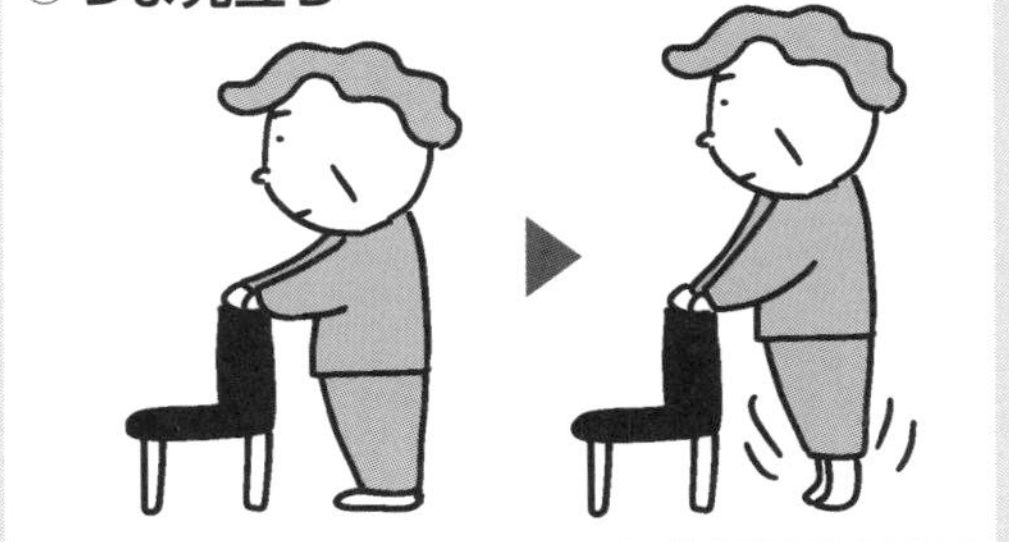

イスの背につかまり、軽く両足を開く。「1・2・3・4」でかかとを上げ、同じテンポでゆっくり下ろす。

参考：熊本県熊本市ホームページ

Q114 年金暮らしに入るまで仕事一筋で「趣味」がありません。どんな趣味を持つべきですか？

A 何か夢中になることが1つでもあると生きる張り合いが出る。持つべき趣味は多種多様。

仕事一筋であることも立派な生き方です。これまで趣味がなかったとしても、今後の人生の新たな楽しみを探すつもりで自分の気持ちに問いかけてみてください。

何かに関心を持ったり、興味を持ったりすることは誰にでもあるはず。まずは自分の素直な気持ちと向き合い、次のことを参考にして考えるといいでしょう。

❶自分にとって楽しいこと、心地よいこと

朝起きてコーヒーを飲む習慣があれば、コーヒー豆を売っているお店に行ってみる。庭の空き地に花を植えようと思ったら、ホームセンターに行ってみる。毎日の暮らしの中で、楽しい、心地よいと感じられることがあれば、その延長が「趣味」になります。

❷子供のころの自分を思い出す

幼いころに夢中になっていたことや憧(あこが)れていたことを思い出してみましょう。野球やサッカー、昆虫採集、プラモデル作り、カメラ、楽器など、時間を忘れて夢中になったことが何かあったはずです。

ケーキ屋さん、ピアニスト、手品師など、幼いころに憧れていた仕事に挑戦するのもいいでしょう。それが趣味になり、ライフワークになるかもしれません。

❸家族や友人の趣味に付き合ってみる

家族や親しい友人の趣味をいっしょに楽しんでみることも1つのアプローチ。スポーツ、ゲーム、旅行、温泉、美術館めぐりなど、なんでもいいのです。

趣味を楽しんでいる人を見て、「どうしてあんなに楽しそうなのか」「何がそんなに楽しいのか」と疑問を感じたら、率直に本人に問いかけてみてください。きっと趣味の面白(おもしろ)さについて、大いに語ってくれるでしょう。心を動かされれば、それが趣味の入り口になります。

積極的に趣味を楽しんでいる人の多くは、趣味そのものの面白さに加え、いっしょに楽しむ人との人間関係や、いっしょに過ごす時間に魅力を感じているのです。

Q 115 年金暮らしの中で「生きがい」が見つかりません。どうすればいいですか？

まずは、自分が好きなことは何か、得意なことは何かから考えてみましょう。それが世の中から必要とされている（人から評価される）ことであり、収入を伴うものであれば、より立派な生きがいといえるでしょう。

A 生きがいは「得意なこと」「人の役に立つこと」「稼げること」「好きなこと」の中から見つかる。

「生きがい」という言葉は、生きる価値や人生の張り合いという意味で使われます。

生きがいが見つからないという人の多くは、その意味を重く考えすぎているのかもしれません。生きがいとはなんとも漠然とした言葉に聞こえますが、近年、欧米では「ｉｋｉｇａｉ」という日本語を話す人が増えています。**生きがいとは、「好きなこと」「得意なこと」「社会が求めていること」「お金になること」の４つから作られるという考え方が、欧米では注目されているのです。この４つの考え方から、自分にとっての生きがいを見つけるといいでしょう。**

４つの円にはそれぞれ重なり合った部分があり、自分が情熱を燃やせること、自分の適職、自分がやらなければいけない使命、人々に必要とされて対価を得られる天職という別の４つの要素も加わってきます。

「生きがい」探しのヒント

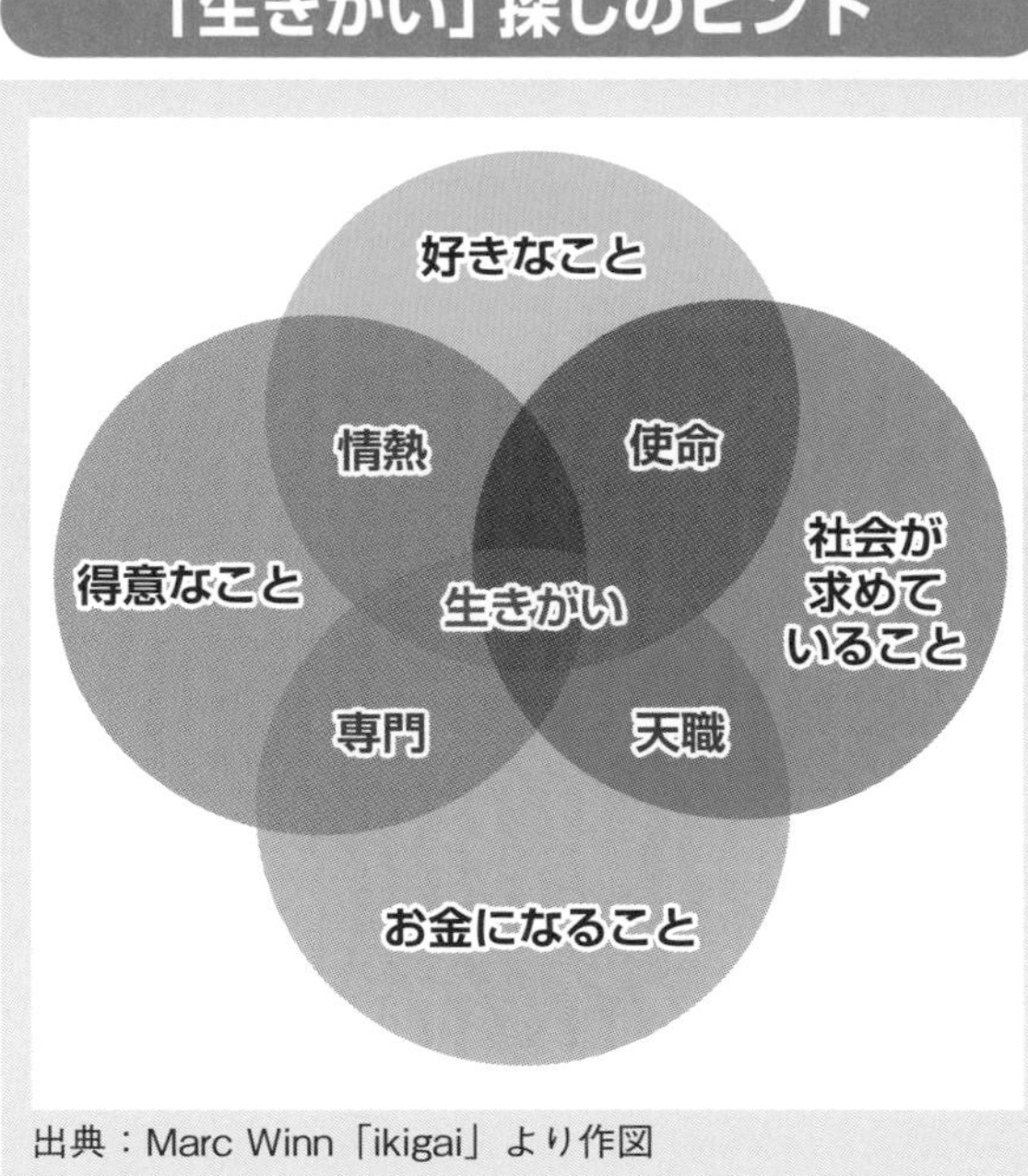

出典：Marc Winn「ikigai」より作図

Q116 「近所付き合い」はわずらわしくて気苦労が絶えません。うまく付き合うべきですか？

A 遠くの親戚より近くの他人。急病で倒れたようなときに頼りになる人も近所にいるはず！

近年はご近所だけでなく、親戚（しんせき）付き合いも希薄になりがちです。その結果、「遠くの親戚より近くの他人」という言葉の真実味も増しているように思われます。

一方で、騒音やゴミ出しなどが原因となるご近所トラブルも多く発生していて、近所付き合いをわずらわしく感じる人が増えているのも事実です。

しかし、**年金暮らしになってから、災害が起きたり、自分や家族が急病になったりしたときに頼りになるのは、遠くの親戚よりもご近所さん**です。

同じ地域内に親戚が住んでいないのであれば、近所付き合いの「メリットはある」と割り切り、大人の付き合いを心がけましょう。

Q117 ずっと書きつづけた「日記」がたまり、置き場所に困っています。やめるべきですか？

A 今後もぜひ続けるべき。たまった日記はデータ化してパソコンに保存するのも一手。

長年続けてきた習慣は、できればこれからも続けていきたいものです。今日1日を振り返ってあれこれ思い出して日記を書くことは、認知症予防にも、心の健康を保つことにもつながるといわれています。

脳を活性化させるには手書きが効果的とされますが、スマホのメモでもかまいません。今日の出来事に加え、明日の予定や目標を書くと気力が高まります。

たまってしまった日記の保管場所がない場合は、データ化してパソコンに取り込むのも1つの方法です。デジタルデータとして場所を取らずに保存できます。パソコンがない場合には、スマホのカメラで撮影し、画像として残しておく方法もあります。

第10章

暮らしが豊かになる新工夫についての疑問10

回答者

▶Q118～127◀

佐藤正明税理士・社会保険労務士事務所所長
税理士　社会保険労務士　日本福祉大学非常勤講師
佐藤正明（さとうまさあき）

リフォーム、ペット飼育、社会貢献活動など新しい挑戦で楽しい年金暮らしは実現！

父さんが亡くなってもう10年この家も古くなったな
母さんおれの新しい家でいっしょに暮らそうよ
長男・進一
永倉慎吾（行年63歳）
お父さんとの思い出がつまった家を離れるわけにはいかないわ
妻・英子（70歳）
実はリフォームをすすめられているの
お金は大丈夫？
遺族年金と貯金があるからお前に迷惑はかけないわしつこくすすめてくるからそろそろ契約しようと思っているの
ちょっと待った！
進一さんとも相談してじっくり検討したほうがいい複数の事業者から相見積もりは取ったかの？
いえその事業者だけ
しつこくすすめてくるって？
年金博士
中には高齢者を狙う悪質な事業者もおるから要注意じゃ実績をよく調べる必要があるの
おれが近所で評判を聞いてみるよ
頼んだわ…

最近はつまずいて転ぶことが多くなってついその気に……
リフォーム自体は悪いことではない手すりを取りつけたり段差をなくしたりすれば転倒を防止でき快適に暮らすことが可能じゃ
だけどもし転倒骨折でもして要介護になったら……
介護施設への入居も考えなくてはならん最近は介護施設もいろいろ問題があるようじゃから施設選びは慎重にの
施設なんてまだ早いわリフォームすればまだまだ安心して暮らせるわペットも飼いたいし
今からペット？
いいことじゃひとり暮らしのさみしさを癒やしてくれる
しかしもしものとき処分するのは可哀想だよ
ペット信託という方法があるぞ
信頼できる個人や保護団体にペットの飼育を託す契約じゃ自分の死後だけでなく入院後の飼育も託せるぞ
保護団体に託せば安心かも
社会貢献活動を始めるのもおすすめじゃ地域のゴミ拾いや清掃ボランティア団体への古本や古着の寄付脱プラスチックなどいろいろあるぞ
SDGs（エスディージーズ）ね社会貢献できるなんて最高だわ
すごいよSDGsを知っているなんて
テレビで知って興味があったの
活動に参加すればいろんな人とのコミュニケーションも生まれる
ぜひ参加して元気で長生きしなよ母さん
うん100歳まで頑張るわ！
わしも応援するぞ！

Q118 夫の死後、一般的に妻は5～10年ひとりで暮らします。ひとり暮らしを楽しむ方法は？

A 孤独を恐れず、今までできなかった趣味に没頭する、自炊をやめるなど楽しむ方法は多い。

人生のさまざまな転機のうち、進学、就職、結婚などはある程度の予測はできます。しかし、多くの場合、人の死は突然訪れます。それが長年連れ添った伴侶であれば、喪失感も大きいことでしょう。

死別に伴う孤独感をどう埋めるか――。それには時間が必要でしょう。例えば、夫を亡くした直後に、つい夫の好物を買ってしまい、悲しみがぶり返すことがあるかもしれません。久しぶりに友人と食事を楽しんだとき、帰宅時間を気にしなくていいことに気がつくようなこともあるでしょう。時間の経過により、喪失感の受け止め方は少しずつ変わってくるものです。

ひとり暮らしになれば、食事の時間は自由で、何を食べるかも自分で決められます。これまでできなかったことに挑戦したり、行きたい所へ出かけたりできるので、考え方1つで可能性は広がります。

立ち直るまでの時間は個人差が大きいので、周囲から何をいわれても気にしないことです。自分なりに夫の死を現実として受け入れることが、その後のひとり暮らしを充実させる大前提です。

そのためにも大事なのは、お金です。夫が厚生年金の受給者であれば、妻は、夫が受給していた老齢厚生年金の4分の3を遺族厚生年金として受け取ることができます（Q25・Q26参照）。

妻は、この遺族厚生年金と自分の老齢基礎年金を併給できます。ただし、妻が自身の老齢厚生年金を受け取れる場合は、妻の老齢厚生年金が優先的に支給され、遺族厚生年金は妻の老齢厚生年金を差し引いた額が支給されます。

亡き夫からのプレゼントですから、妻の人生を充実させるために大切に使いましょう。

Q119 「ペット」を飼いたいと思っていますが、老い先短い年金暮らしではあきらめるべき？

A ペットは暮らしを豊かにしてくれる。ペット信託などの方法もあり、あきらめなくてOK！

ペットを飼っている高齢者は、暮らしへの満足感が高いといわれています。「アニマルセラピー」という言葉があるように、動物には人の心を癒やす力があると考えられており、話し相手になってくれたりもします。

一方で、考えておかなければならないのが、飼い主が介護や介助が必要になった場合のことです。ヘルパーや介助員をお願いすることになり、その中には動物アレルギーの人も少なくないので、ペットを飼っていることは必ず伝えておく必要があります。

もしもの災害で避難所に行くことも考えて、ケージに入れる訓練を行っておくといいでしょう。この訓練はドッグトレーナーやキャットシッターに依頼できます。

家族同然の存在であるペットを大事に思うなら、万が一に備えて一時的な預け先を見つけておくことや、かかりつけの動物病院を作ることも重要です。

これからペットを飼いたいと思う人は、左のチェックリストを確認してから飼うようにしましょう。

近年では犬や猫も長寿化し、15年以上生きることも珍しくありません。動物病院の費用負担を軽くする「ペット保険」、亡くなるまで世話をしてくれる「老犬・老猫ホーム」があります。また、自分がペットよりも先に死亡したときに、ペットを誰に託すか、遺した財産をペットのためにどう使うかを決めておく「ペット信託」などもあります。これらの利用も検討するといいでしょう。

ペットを飼う前のチェックリスト

- □ **ペットの世話を毎日できるか？**
  - ➡365日無休で世話をする覚悟が必要
- □ **ペットを飼える住まいか？**
  - ➡賃貸の場合は契約内容の確認を
- □ **ペットの世話をする体力や飼いつづけるお金は十分あるか？**
  - ➡フード代だけでなく、動物病院の費用などもかかる
- □ **自分が世話をできないときに預けられる人はいるか？**
  - ➡万が一のときの預け先の確保が必要

Q120 旅行やレジャーなどがお得に楽しめる「シニア割引」にはどんなものがありますか？

A 60代以上なら大半は利用でき買い物・旅行・映画・遊園地などの料金が軒並み2～3割引。

レジャー、買い物、飲食、旅行など、さまざまな分野でシニア向けのサービス「シニア割引」が増えています。名称はそれぞれ異なりますが、指定されたカードを提示することで、**5％程度の割引が受けられるスーパーやドラッグストアなども少なくありません。**計画的に利用すれば、節約につながります。

鉄道会社や航空会社のシニア割引は、会員登録することでサービスが受けられる、旅行好きにうれしいサービスです。また、一部の自治体では、70歳以上など一定の要件を満たせば、バスや地下鉄が割引価格で乗れるようになります。

このほか、**年齢確認できる身分証明書の提示や会員登録などを条件として、映画館、カラオケ、ゴルフ場、ボウリング場、スキー場、遊園地、動物園、美術館、博物館、劇場などでもシニア割引を実施しています。ディズニーランドやユニバーサルスタジオジャパンといった著名なレジャー施設でも、パスポートが割引になります。**公立の博物館や美術館の中には、無料で観覧できるところもあります。

レストラン、ホテルのバイキングやビュッフェ、スポーツクラブ、英会話教室なども、シニア割引の有無を確認し、賢く利用しましょう。

運転免許を返上するともらえる「運転経歴証明書」があると、「高齢者運転免許自主返納サポート協議会」に加盟する企業が提供するさまざまな特典が受けられるようになります。中には購入料金や利用料金が10％引きになるケースもあるので、警視庁のホームページで確認してみるといいでしょう。

なお、シニア割引は対象年齢やサービス内容の変更に加え、実施されたかと思うと廃止されたりする傾向が多くあります。利用するさいは事前に、現在の実施状況を確認してください。

さまざまな分野のシニア割引の例

	企業名	名称	対象	シニア割引の内容
鉄道（JR）	ＪＲ各社	ジパング倶楽部	男 65歳〜 女 60歳〜	全国のＪＲ利用料金が20〜30%割引。ＪＲホテルの料金割引。年会費は１人3,840円（夫婦会員6,410円）
	ＪＲ東海	50＋	50歳〜	会員限定価格の旅行プランやチケットを購入できる
	ＪＲ西日本	おとなび	50歳〜	会員限定価格の旅行プランやチケットを購入できる
	ＪＲ九州	ハロー！自由時間クラブ	男65歳〜 女60歳〜	会員限定価格の周遊パスやサービスを利用できる
交通（その他）	東京バス協会	シルバーパス	70歳〜	都民を対象に２万5,000円で都バスや地下鉄の一部が１年間乗り放題
	大阪メトロ	フリースタイルシニア	65歳〜	PiTaPaで支払うと地下鉄やバスが割引になる
航空系	JAL	当日シニア割引	65歳〜	空席がある場合に運賃割引。JALカード、JMBカード、身分証明書などが必要
	ANA	スマートシニア空割	65歳〜	ANA会員なら運賃割引（事前登録が必要）
タクシー	MKタクシー	敬老割引	70歳〜	運賃割引。年齢確認できる身分証明書の提示が必要
	大阪相互タクシー	高齢者割引	65歳〜	運賃５%割引。らくらくカードへの入会が必要
スーパー系	イオン	G.G感謝デー	55歳〜	15日はG.G.WAON、ゆうゆうワオン支払いで５%割引
	イトーヨーカドー	シニアナナコデー	60歳〜	15・25日はシニアナナコカード支払いで５%割引
	長崎屋	お元気の日	60歳〜	「お元気会員証」提示で2,000円ごと にお買い物券。3,000円以上で宅配サービス無料
ドラッグストア	ツルハドラッグ	シニア感謝デー	60歳〜	15・16・17日は５%割引
	スギ薬局	Goハッピーデー	60歳〜	15・16・17日は５%割引
	ウェルシア	シニアズデー	60歳〜	15·16日はシニアパスポートとTカードでポイント３倍
	ココカラファイン	アクティブシニア割	60歳〜	15日は年齢確認できる身分証明書提示で５%割引
その他	東京靴流通センター	ハッピー55デー	55歳〜	14〜17日は年齢確認できる身分証明書提示で１点1,000円以上の商品が10%割引
	トイザらス	まご割	50歳〜	50歳以上の会員は10%割引

Q121 「医療費」の支払いは、クレジットカードが使えてお得なポイントもつくとは本当？

A 医療費は削りにくいが、カードを使えば払った医療費の1％程度がポイント還元される。

入院や手術、通院などの治療費や薬代を支払うさいには、クレジットカードの利用がお得です。**総合病院などの大きい医療機関の多くは、医療費のクレジッカード払いに対応しており、支払った金額に応じてポイントがもらえます。**ポイントの還元率は、支払金額1000円に対して0・5～1％程度（カード会社により異なる）。貯まったポイントは、クレジットカードの支払いや買い物などに利用できるので、家計が助かります。

ただし、クリニックなどの小規模の医療機関では、クレジットカードが使えないこともあります。まずは、医療機関の窓口でクレジットカードが利用できるかどうかを確認するといいでしょう。

Q122 自治体で行っている「生活支援サービス」とはなんですか？ 誰でも受けられますか？

A 生活上のお困り事は地域包括センターへ相談を。65歳以上なら多様な支援を受けられる。

高齢になり、日常生活を営むうえで支障がある人に必要な支援を行うのが**「生活支援サービス」**です。

例えば、**地域の配食サービスは、栄養改善を目的として栄養バランスの取れた食事の提供と、ひとり暮らしの高齢者の見守りを兼ねたサービスを行っています。**対面で食事を渡すことで安否確認を行い、会話を交わすことで社会とのつながりを感じてもらうのが目的です。

地域によっては、民間企業やNPO、ボランティア団体などが協力し、**買い物代行**や**部屋の掃除**、**庭の植木の手入れ**など、さまざまなサービスを提供しています。利用を希望する場合には、住まいの地域包括支援センターなどに相談しましょう。

Q123 リフォーム業者から「バリアフリー」をすすめられています。リフォームすべき?

A 業者選びに要注意。信頼できる複数の業者から相見積もりを取り費用を極力安く抑えよう。

高齢者にとって、住まいのバリアフリー化は必要なリフォームではあります。しかし、業者のセールストークに惑わされ、不要な工事を押しつけられて、高額な費用が発生してしまうケースも少なくありません。

リフォームをするさいには、複数の業者から見積もりを取ることが大切です。また、**国土交通大臣登録の「住宅リフォーム事業者団体」のマークの有無も確認しましょう。**万が一、トラブルが発生した場合には、団体に相談することができます。

介護保険を利用すれば、より低価格でリフォーム工事ができる場合もあります。

住宅リフォーム
事業者団体
国土交通大臣登録

Q124 自宅に続けて住むか「老人ホーム」に入るか迷っています。入るならどんな施設がいい?

A 老人ホームの種類は多い。自宅に住む場合と、それぞれの特徴などを比較して検討を!

民間施設では、認知症の人の受け入れや看取りも行う**介護付き有料老人ホーム**、必要な介護サービスを行う住**宅型有料老人ホーム**、見守りや生活相談を行う**サービス付き高齢者向け住宅**(**サ高住**)などがあります。**おおむね自立～要介護2まではサ高住か住宅型有料老人ホーム、要介護3以上なら介護付き有料老人ホーム**となります。

公的施設としては、自立した生活が難しい人向けの**ケアハウス**(低所得の高齢者向けの公的施設)、要介護3以上の人が対象の**特別養護老人ホーム**(**特養**)、リハビリが必要な人向けの**介護老人保健施設**、手厚い医療サービスが必要な人向けの**介護医療院**などがあります。特養は待機者が多く、入居は難しいのが現状です。

主な高齢者施設の特徴

区分	有料老人ホーム		サ高住		グループホーム
	介護付き	住宅型	一般型	介護型	
契約形態	利用権方式		賃貸借契約	利用権方式（賃貸借契約もある）	…
初期費用	入居一時金（高額なことが多い）		敷金	一時金または敷金	入居金・一時金
月額費用（目安）	15～50万円＋介護保険の自己負担額Ⓐ	15万～40万円	10万～30万円	15万～40万円	10万～15万円
入居条件	自立＝△ 要支援＝△ 要介護＝◎	自立＝○ 要支援＝○ 要介護＝○	自立＝○ 軽度の要支援＝○ 軽度の要介護＝○		自立＝× 要支援２～＝○ （施設と同一地域内の住居と住民票があること）
認知症	◎	○	△	○	◎
介護サービス	◎ 月額料金にⒶの分を含む	× 外部の介護事業者を利用	× 必要になったら外部事業者と契約	◎ 施設の常駐スタッフが提供	◎ 認知症専門スタッフが対応
自由度	低	中	高	中	中
メリット	手厚い介護、介護費用が定額	必要なサービスを選んで利用できる	安否確認や生活相談が中心	左記に加え介護サービスも受けられる	認知症の進行を遅らせる可能性あり
デメリット	生活上の制限が多い	介護度が高くなると退去要請も	数が多くて入居しやすい	数が少ないので入居が難しい	共同生活が困難な場合は退去要請も
こんな人に	24時間介護サービスが必要な人	介護サービスより生活支援サービスを重視する人	生活不安はあっても自由な暮らしを優先したい人	初期費用を抑えて手厚い介護を受けたい人	認知症患者で地元で暮らしたい人

出典：「みんなの介護」「介護のほんね」「ミンナノミライ」「ココシニア」のホームページを参考に編集部にて作成。

※◎＝受入れ可能、○＝ほぼ受入れ可能、△＝受入れは難しい、×＝受入れ不可

Q125 自宅担保の融資「リバースモーゲージ」には国で運営するものがあるとは本当？

A 地域の社会福祉協議会に相談を。自宅を担保に融資を受けられ、ゆとりある老後が可能に！

リバースモーゲージとは、マイホームを保有している人が自宅に住みつづけながら、自宅を担保として老後資金の借入れを行う制度です。契約者が亡くなると相続人が担保としていた自宅を処分し、借入金を返済する仕組みになっています。

借入金の上限額は自宅の評価額の50～80％程度。一般的な受取方法は、**❶一括でまとめて受け取る、❷定期的に一定金額を受け取る、❸契約金額の範囲内で必要なタイミングに必要な金額を受け取る**などです。

リバースモーゲージは、住宅金融支援機構や都道府県の社会福祉協議会などの公的機関、民間金融機関などで取り扱っています。

民間金融機関からの借入金は、事業資金や投資以外の幅広い用途に使えます。住宅金融支援機構からの借入金は本人が居住する住宅の建設・購入・リフォーム費用、高齢者住宅への入居一時金、住宅ローンの借り換えなどと使途が限定されています。それに対して、**地方自治体の社会福祉協議会からの借入金の用途は老後の生活資金のみに限定されており、本来の目的にかなっています。**

リバースモーゲージには、金利上昇のリスク、担保物権の評価が下落するリスク、長生きするリスクがあり、配偶者が契約を引き継げず、契約者が亡くなった時点で自宅を出なければならないケースもあります。こうしたリスクを考慮したうえで慎重に検討しましょう。

リバースモーゲージの仕組み

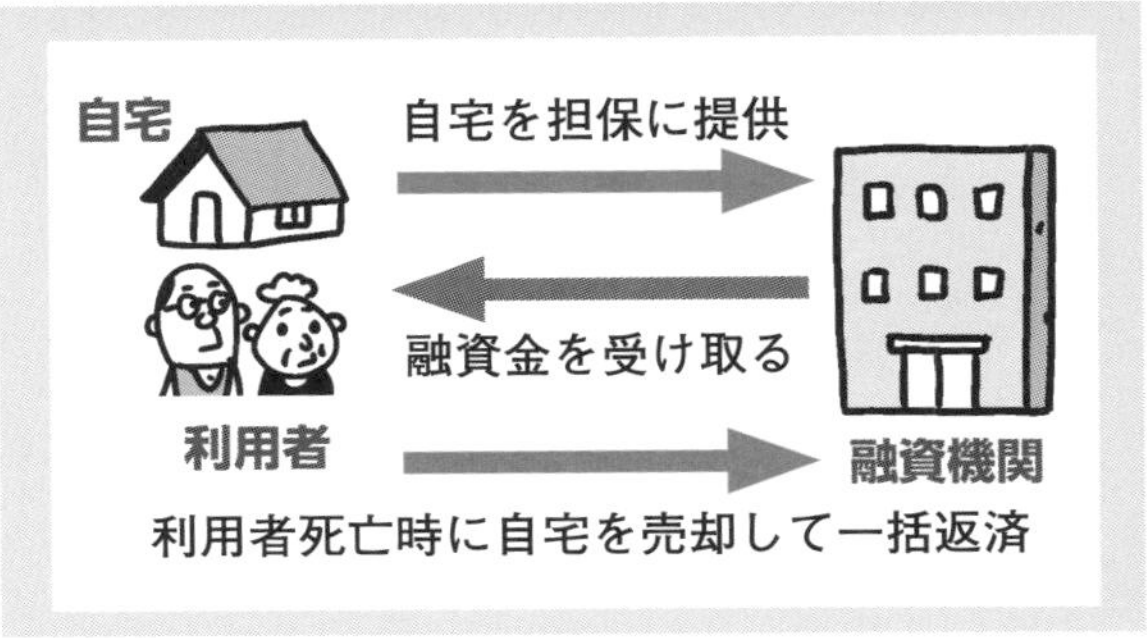

Q 126 一生の就労を援助する「生涯現役支援窓口」があると聞きました。どこにありますか？

A 65歳以上の就業希望者を支援する窓口で、全国の特定のハローワークに設置されている。

生涯現役支援窓口は、全国に500ヵ所以上あるハローワークのうち、およそ300ヵ所に設けられている再就職支援窓口で受け付けています。**おおむね60歳以上が対象で、特に65歳以上の人を重点的に支援しています。つまり「シニアのためのハローワーク」です。**

ハローワークの求人業種は60歳前後で大きく変わります。さらに65歳以上になると、清掃作業員、警備員、介護施設の職員などの求人が圧倒的に多くなります。実際にシニア世代の希望が多い、事務職、専門職、経営管理職などはほとんどありません。

そこで、シニア世代の採用に意欲的な企業と、再就職を希望するシニアとのマッチングを図るとともに、多様な就業ニーズに応じた情報の提供、各種ガイダンスや職場見学なども実施する公的機関として、生涯現役支援窓口が設置されたのです。

相談に訪れる人の中には65歳まで同じ会社で働きつづけ、一度も履歴書や職務経歴書を書いたことがない人も相当数います。そのため、**生涯現役支援窓口の担当者が書類の書き方のアドバイスや、面接の対策まで行っているケースもあります。**

このほか、自治体から業務委託を受けて高齢者の就業支援をしている組織や団体もあります。自分に合った仕事を探すために積極的に活用しましょう。

高齢者の就労支援

◉ 生涯現役支援窓口業務
全国の主要ハローワーク300ヵ所で、主に65歳以上の求職者の就労を支援。
※ https://www.mhlw.go.jp/content/000369024.pdf

◉ 高年齢退職予定者キャリア人材バンク事業
公益財団法人産業雇用安定センターで、高年齢退職予定者として情報を登録すると、事業者に情報を提供して就労を促進している。

◉ 特定求職者雇用開発助成金などの支給
高年齢者をハローワークなどの紹介で雇い入れる事業主に助成を行っている。

Q127 「社会貢献活動」にはどんなものがありますか？ 参加するにはどうしたらいい？

A フードロスをなくすことでも参加できる。ゴミ収集、動物保護、被災地支援など多種多様。

社会貢献活動とは、有償無償を問わず、間接的に世の中の役に立つ活動を指します。

例えば、働くシニア世代は、慢性的な人手不足が続く日本経済の支え手であり、働きつづけることがすなわち社会貢献になっています。また、社会貢献活動に参加することで豊かな地域作りの担い手として期待されており、同時に本人の介護や認知症の予防、生きがいの創出にもつながっていると考えられています。

これに対して、ボランティア活動は社会貢献活動の一種であり、通常は無償で、直接的に世の中の役に立つ活動を指します。ボランティア活動でも、シニア世代は活動の担い手として重要な役割を果たしています。

社会貢献の活動内容は多岐にわたります。総務省が行った調査によると、**男性は、スポーツ・文化・芸術・学術に関した活動、自治会や町内会などへの参加、地域の安全活動など、それまでの経験や知識、技術を生かした活動への参加が多い**ようです。一方、**女性は、子供や高齢者、障害者を対象とした活動など、コミュニケーション能力や気配りなどが必要な活動への参加が多い**と報告されています。

ほかにも、健康や医療サービス、災害に関係した活動、自然や環境を守るための活動などに、多くのシニア世代が参加しています。**ボランティア活動に参加したい場合には、まずは自治体に相談してみるといいでしょう。**自治体が活動を把握しているボランティアグループや市民活動団体を紹介してくれることがあります。

いきなりボランティア活動に参加するのはハードルが高いと感じる人は、まずは、食品ロスを出さない生活を心がけたり、マイボトル・エコバッグ持参を習慣づけてプラスチックゴミを出さない生活を心がけたりしてみてください。こうした行動も立派な社会貢献活動です。まずは、できることから始めてみるといいでしょう。

特別付録3 遺される家族が困らない！ 年金暮らし資産整理シート

●年金暮らしは誰でもずっと続くわけではなく、いつか必ず終わりがやって来る。
●そのとき遺される家族が困らないように、あなたの資産や負債を書き込んでおくといい。

所有資産

記入日　　年　月　日

預貯金

金融機関名	支店名	種類	口座番号	自動引落しなど

貸金庫

金融機関名	支店名	電話番号	備考(保管物など)
		(　　)	

有価証券（株式・投資信託・国債・公社債・会員権 など）

種類	証券会社・支店名など	口座番号	備考(連絡先など)

クレジットカード

カード名・カード会社名	引落し金融機関・支店名	口座番号	引落し日
			毎月　日
			毎月　日
			毎月　日
			毎月　日

不動産

形態	□土地　□建物　□マンション　□その他（　　）		
所在地	〒		
名義人		共有名義人・持ち分	
用途			
備考			
形態	□土地　□建物　□マンション　□その他（　　）		
所在地	〒		
名義人		共有名義人・持ち分	
用途			
備考			
形態	□土地　□建物　□マンション　□その他（　　）		
所在地	〒		
名義人		共有名義人・持ち分	
用途			
備考			

重要な動産類（貴金属・宝飾品・書画骨董・車 など）

名称・銘柄	入手金額・査定額	保管場所	備考
	円		
	円		
	円		
	円		
	円		

貸倉庫（レンタル倉庫・トランクルーム など）

契約会社	所在地	電話番号	備考
	〒	（　　）	
	〒	（　　）	
	〒	（　　）	

保険（生命保険・養老保険・医療保険・火災保険 など）

保険の種類		保険会社名		担当者	
連絡先	（　　）	証券番号		証券保管場所	
契約者		被保険者		保険金受取人	
特約など					

保険の種類		保険会社名		担当者	
連絡先	（　　）	証券番号		証券保管場所	
契約者		被保険者		保険金受取人	
特約など					

保険の種類		保険会社名		担当者	
連絡先	（　　）	証券番号		証券保管場所	
契約者		被保険者		保険金受取人	
特約など					

公的年金

基礎年金番号		証書番号		証書保管場所	
加入した年金	□国民年金　□厚生年金　□共済年金　□その他（　　　）				
年金振込口座	金融機関・支店：		口座番号：		

貸付金

貸した相手		連絡先	〒 （　　）		
貸した金額	円	貸付日	年　月　日	返済期限	年　月　日
契約書の有無	□ない　□ある（保管場所：　　　）				

デジタル資産（パソコン・スマホ など）

パソコン	契約会社：	名義人：	メールアドレス　@
	死亡後の端末の扱い：□内容を消去し廃棄　□その他（　　　）		
スマホ	契約会社：	名義人：	メールアドレス　@
	死亡後の端末の扱い：□内容を消去し廃棄　□その他（　　　）		
ID・パスワード・パスコードなど	※記入した場合は保管を厳重に！		

借入金・債務

借入金・債務の状況

記入日　　年　月　日

◉現在、借入金はある？

□ない　□ある（種類：　　　　借入残高：　　　　円）

◉現在、公共料金や税金などの未払金はある？

□ない　□ある（種類：　　　　未払額：　　　　円）

◉現在、連帯保証などの保証債務はある？

□ない　□ある（種類：　　　　保証額：　　　　円）

借入金・ローン

種類		借入先	名称：　　　連絡先：　（　　）		
借入金額	円	借入日	年　月　日	返済方法	
完済予定日	年　月　日	担保	□ない　□ある（内容：　　　）		
借入残高	円（　　年　月　日現在）			備考	

種類		借入先	名称：　　　連絡先：　（　　）		
借入金額	円	借入日	年　月　日	返済方法	
完済予定日	年　月　日	担保	□ない　□ある（内容：　　　）		
借入残高	円（　　年　月　日現在）			備考	

種類		借入先	名称：　　　連絡先：　（　　）		
借入金額	円	借入日	年　月　日	返済方法	
完済予定日	年　月　日	担保	□ない　□ある（内容：　　　）		
借入残高	円（　　年　月　日現在）			備考	

保証債務（連帯保証など）

保証した相手（主債務者）		連絡先	（　　）
お金を貸した人（債権者）		連絡先	（　　）
保証した日	年　月　日	保証した金額	円
保証した理由など			

保証した相手（主債務者）		連絡先	（　　）
お金を貸した人（債権者）		連絡先	（　　）
保証した日	年　月　日	保証した金額	円
保証した理由など			

解説者紹介

掲載順

社会保険労務士法人 FOUR HEARTS 会長
特定社会保険労務士

東海林（しょうじ） 正昭（まさあき）

社会保険労務士法人 FOUR HEARTS 会長 (特定社会保険労務士)、商工会議所年金教育センター登録講師、日本年金学会会員。社労士業務のほか金融機関等で多くの年金相談、講師を行う。讀賣新聞「マネー」「定年Q＆A」「年金そこが知りたい」欄に３年８ヵ月、日本経済新聞「社会保障ミステリー」欄に１年４ヵ月連載のほか、『ビジネスガイド』『スタッフアドバイザー』など多くの新聞や雑誌で執筆・解説。著書は『夫と妻の定年前後のお金と手続きＱ＆Ａ大全』(共著・文響社)、『女性の年金 得するもらい方・増やし方〈年金問題研究会編〉』(共著・ＰＨＰ研究所)、『年金実践事務手引・〈年金ライフ社編〉』(共著・日本法令) など多数。

佐藤正明税理士・社会保険労務士事務所所長
税理士　社会保険労務士　日本福祉大学非常勤講師

佐藤（さとう） 正明（まさあき）

佐藤正明税理士・社会保険労務士事務所所長（税理士・社会保険労務士）、ＣＦＰ（１級ファイナンシャル・プランニング技能士）、日本福祉大学非常勤講師。小規模事業者の事業育成・新規開業のサポートをはじめ、税務、会計、社会保険、相続・事業承継、年金相談など多角的な視点でのアドバイスを行っている。テレビ番組で年金・社会保険・税金のコメンテーターとしても活躍中。著書は『2000万円不足時代の年金を増やす術 50』（ダイヤモンド社）、『大切な人が亡くなった後の手続き　完全ガイド』（高橋書店）、『自分と家族の生前の整理と手続きＱ＆Ａ大全』（共著・文響社）『夫と妻の定年前後のお金と手続きＱ＆Ａ大全』（共著・文響社）など多数。

城戸社会保険労務士事務所所長
特定社会保険労務士

城戸（きど） 正幸（まさゆき）

城戸社会保険労務士事務所所長（特定社会保険労務士）、ＣＦＰ（１級ファイナンシャル・プランニング技能士）、ＤＣアドバイザー、１級DCプランナー、キャリアコンサルタント、商工会議所年金教育センター登録講師。社労士業務を中心に、年金相談を毎年多数実施。日本経済新聞「社会保障ウオッチ」欄や「家計力向上ゼミ」欄に連載のほか、『ビジネスガイド』(日本法令) などの雑誌にも執筆・解説。著書は『夫と妻の定年前後のお金と手続きＱ＆Ａ大全』（共著・文響社）、『週刊社会保障スキルアップ年金相談』(法研）など多数。

河内社会保険労務士事務所所長
特定社会保険労務士

かわうち

河内 よしい

河内社会保険労務士事務所所長（特定社会保険労務士）、一般社団法人社労士成年後見センター東京副理事長、AFP、終活アドバイザー。相談者に寄り添い、より実りある生活となるような支援を心がけている。著書は『夫と妻の定年前後のお金と手続きQ&A大全』（共著・文響社）、『女性の年金 得するもらい方・増やし方〈年金問題研究会編〉』（共著・PHP 研究所）、『生涯現役計画』（共著・労働新聞社）、『シニア社員の戦力を最大化するマネジメント』（共著・第一法規）など多数。

社会保険労務士法人 FOUR HEARTS 代表社員
特定社会保険労務士

あさひ　くにあつ

旭　邦篤

社会保険労務士法人 FOUR HEARTS 代表社員（特定社会保険労務士）、青山学院大学大学院 法学研究科修士課程修了（ビジネスロー修士）。社労士業務を中心にコンサルティング業務を行っている。讀賣新聞、朝日新聞、日本経済新聞、ＮＨＫなどにコメント実績がある。『プレジデント』（プレジデント社）などの雑誌に執筆・解説。著書として『夫と妻の定年前後のお金と手続きＱ＆Ａ大全』（共著・文響社）、『女性の年金　得するもらい方・増やし方〈年金問題研究会編〉』（共著・ＰＨＰ研究所）などがある。

山本宏税理士事務所所長
税理士

やまもと　ひろし

山本　宏

山本宏税理士事務所所長（税理士）、ＣＦＰ（１級ファイナンシャル・プランニング技能士）。中小企業オーナー、個人資産家に対する事業承継および相続対策を得意業務とするほか、ＣＦＰとして専門の金融知識を生かした資産運用相談・不動産有効活用・財産管理などの業務も幅広く行っている。特に、常にカスタマー目線で行う税務サービスなどの提供に定評がある。著書に『マンガでわかる！もめない相続・かしこい贈与』（わかさ出版）、『身近な人の死後の手続き Ｑ ＆ Ａ大全』（共著・文響社）などがあり、テレビ・新聞・雑誌のコメントや執筆でも活躍中。

山本文枝税理士事務所所長
税理士

やまもと　ふみえ

山本 文枝

山本文枝税理士事務所所長（税理士）、ＡＦＰ（アフィリエイテッド・ファイナンシャルプランナー）。法人・個人の顧問業務、相続業務等すべての分野で顧客第一主義に基づき、真摯に相談に応じ顧客のニーズに応えることをモットーとしている。多くの相続業務の経験を活かした生前対策の提案や、ＡＦＰとして培ってきた専門的な金融知識を生かし、顧客の資産運用相談などを積極的に行うことで定評がある。また、地域の小中学校で租税教育活動などの社会貢献活動にも長期的に携わり、専門雑誌の監修協力も精力的に行っている。

年金暮らしでも生活が楽になる
税理士・社労士が教える
賢いお金の使い方Q＆A大全

2023年4月11日　第1刷発行
2024年9月11日　第5刷発行

編集人　小俣孝一
シリーズ企画　飯塚晃敏
編集　わかさ出版
編集協力　秋津和人（年金問題研究会代表）
菅井之生
香川みゆき
山岸由美子
中平都紀子
装丁　下村成子
DTP　菅井編集事務所
イラスト　前田達彦
発行人　山本周嗣
発行所　株式会社文響社
〒105-0001　東京都港区虎ノ門2丁目2－5
共同通信会館9階
ホームページ　https://bunkyosha.com
お問い合わせ　info@bunkyosha.com
印刷・製本　中央精版印刷株式会社

ISBN 978-4-86651-622-6

「年金暮らしの各種手続き」は、みなさんがお住まいの地域によって詳細が異なる場合があります。事前に届け出先の役所、金融機関、年金事務所などに確認したうえで、手続きをお進めください。本書の内容は2023年12月末時点の情報に基づいています。法律、税金、年金などの個別のご相談には応じられません。マンガや書式例の記載内容は実在する人物、住所などとは関係ありません。